Dieses eine Leben

Für die Geschwister Alois, Ludwig, Margret,
Maria und Franziska Krämer.

Für Danielle.

Für alle Menschen, die so viel
unverzeihliches Leid erlebt haben.

ANGELIKA KRÄMER

Dieses eine Leben

Bibliografische Information der Deutschen Nationalbibliothek:
Die Deutsche Nationalbibliothek verzeichnet diese Publikation
in der Deutschen Nationalbibliografie;
detaillierte bibliografische Daten sind im Internet
über https://portal.dnb.de/ abrufbar.

© 2022 Angelika Krämer
Satz, Umschlaggestaltung, Herstellung und Verlag:
BoD – Books on Demand, Norderstedt

ISBN: 978-3-7568-4576-7

Inhalt

Eine Reise in den Krieg

Ludwig wurde genau wie Erich Honecker im Saarland geboren. Ja, sogar im Nachbarort.

Beide Buben wussten zu dieser Zeit noch nichts voneinander, lernten sie jedoch dieselbe Sprache.

Neunkirchen und Sulzbach, beide Orte waren so nah, beide gingen in die DDR, beide waren sie kommunistisch geprägt. Manchmal nahm man an, sahen sie sich sogar ein klein wenig ähnlich.

Es war noch gar nicht so lange her, da lag ein weiteres Bündel im Kissen der Mutter. Ludwig sollte er heißen.
Der erste Sohn hieß Alois. Er war zu dieser Zeit typisch für eine katholische Familie. Namen wie dieser.
Söhne der Eltern: Vater Jakob und der Mutter Maria.
Jakob und Maria hatten 1916 geheiratet. Sie hatten später fünf gemeinsame Kinder.
Man schrieb das Jahr 1924, als dieser Halbfranzose, wie man ihn später immer nannte, das saarländische Licht erblickte.
Der Name Ludwig war im 19. Jahrhundert ein beliebter Jungen-Vorname und bedeutete so viel wie berühmt, Kampf oder Krieg. Viele Heilige und Könige trugen diesen Namen.

Ein paar Jahre lag es erst zurück, als der „Erste Weltkrieg" an den Menschen vorüberzog.
Noch 1918 fanden Schlachten in Frankreich statt.
Aber dann endlich im selben Jahr die Friedensverträge.
Waffenstillstand!
Aufrufe zur Selbstbestimmung.

Das alles gehörte einer anderen Zeit an, doch werden sich solche Ereignisse immer wiederholen.
Das Gute und das Böse liegt so nah beieinander.

Die Jahre vergingen.
Aus dem kleinen Bub wurde ein junger Mann.
Braune Augen, dunkle Haare. Ganz anders wie sein älterer Bruder Alois, der blonde Haare und eine Wellenpracht auf dem Kopf trug. Der Erste kommt eben nach der Mutter, und der Zweite sieht dem Vater sehr ähnlich. Wie auch immer.

Ludwig war ein gutaussehender Mann. Doch auch er blieb nicht verschont, als die Kriegsmarine aufrief, und er mit hinaus auf das offene Meer musste. Bruder Alois kämpfte bereits irgendwo. Und später erfuhr man, dass er im Osten Deutschlands wäre. Für die Buben aus dem Saarland änderte sich schlagartig das ganze Leben.

Noch lächelt dieser jungenhafte Abenteurer und ahnt nicht, was auf ihn zukommt. Stolz eine Matrosenuniform tragen zu können. Er ist bereit, mit den anderen hinaus auf das Meer zu fahren, in eine für ihn scheinbar andere Zeit. Er sieht diese vielen Orte, die Länder schon vor seinen Augen. Die Ostsee war ja schon ein großer Anblick mit kleinen Wellen. Doch als er die riesigen, gewaltigen Wellen da draußen sah, war er überwältigt. Seine Augen konnten gar nicht alles auf einmal aufnehmen. Was spielte sich hier ab?

Das Schiff wurde kurz vom Nebel verschlungen. Man konnte die Gewalt der Stürme fühlen, und die der Menschen, die davon geprägt waren. Nun hatte er sich rasch verzogen, dieser angsteinflößende Dunst. Gleich zeigten sich die Sonnenstrahlen, die mit dem Wasser spielten, auf diesem Meeresspiegel, dieser Weite dort draußen, und gleich sah man auch im Silberschein die wärmende Sonne.

Der Rauch löste sich von Ludwigs Lippen, wenn er die nächste und übernächste Zigarette vor Erregung rauchte. Nun bei klarer Sicht konnte man erkennen, wie sein Blick das Wasser traf und er in tiefen Gedanken versank. Für kurze Zeit fühlte er einen heimlichen Stolz, weil er dachte, etwas Gutes zu tun.

Ludwig brachte seine guten Gedanken mit hinaus auf das Meer, denn es war ja noch nicht lange her, als er sich von Mutter, Vater, den Geschwistern und seiner Heimat verabschiedete.

Er spürte noch diese Wärme und Liebe, und diese große Abenteuerlust wie alle jungen Männer in seinem Alter.

Und ja, die Welt war groß in seinen Gedanken.

Doch wo dieser Weg, dieses Schiff ihn hinführte, das wusste er noch nicht.

Wer einen Fluss überquert
muss die eine Seite verlassen.

MAHATMA GANDHI

Rot zeigt sich der Himmel – ein Schweif über dem Meer,
während der Tod lauerte dort draußen.

***

Es war keine Urlaubsreise, keine, von denen man schon
immer geträumt hatte.

Nein, auch kein Ausflug, wo man sich in die Sonne setzt,
um das glitzernde Nass zu beobachten, und die Wellen hin
und her geschoben werden, und man den Wunsch hätte,
darauf zu sitzen, um schwebend zu wiegen.
Nichts von allem, denn es war eine Reise in den Krieg.
Krieg war und ist gleichzusetzen mit Ohnmacht, krank
sein, Monaten, Jahren. Bis eben alles vorbei ist.

Doch wann ist so etwas vorbei – wahrscheinlich niemals.
Denn diese Zeit nimmt man mit, drinnen im Hirn und im
Herzen.
Man wird verfolgt von den Erinnerungen.
Schiffe, die gesunken sind, Bomben, die ihre schwarzen
Schleifen mit sich ziehen, Flugzeuge, die wie Spielzeuge
vom Himmel fielen.
Der Tod, er war allgegenwärtig und überall.
Der Krieg ist niemals ganz vorbei.

Bereits 1940 konnte man von einem Winterkrieg Finn-
lands und Norwegens sprechen.
Eine Luftschlacht um England mit Bomben auf London.
Krieg in der weiten Wüste Afrikas.
Drei französische Schlachtschiffe versanken – fast
1300 Matrosen fanden den Tod. Frankreich erlebte
seinen Fall.

1941 ein Angriff auf Kreta, und die Fallschirme schwebten am Himmel von Heraklion.

6000 Tode, Verwundete und Vermisste mussten teuer bezahlen.

Im selben Jahr ein Angriff auf Russland, und Japan überfiel die amerikanische Flotte in Pearl Harbor.

Es weitete sich ein bis dahin europäischer zu einem Weltkrieg aus.

Deutsche U-Boote vor Java, brasilianische Soldaten kämpften in Italien. Dann gab es den Chinesisch-Japanischen Krieg und den Kampf im Nordatlantik.

***

Meeresenge, Ludwig war angekommen.

An die Geleitzüge zwischen Gibraltar und der Irischen See kamen starke Rudel kaum heran.

Kreuzer, Schlachtschiffe und Flugzeugträger wurden hier eingesetzt.

Ein klarer Sternenhimmel schaukelte mit dem Mond über dem sich sanft wiegenden Schiff.

In dieser hellen Nacht waren die Silhouetten der Berge zu erkennen. Ein U-Boot hatte die Absicht, dicht unter der afrikanischen Küste von Spanisch-Marokko die Meerenge getaucht zu passieren. Der Kommandant wusste genau, dass diese Seite kontrolliert werden würde.

Man wusste aber auch, dass die Enge des Raumes durch Flugzeuge ein gutes Sicherheitsverhältnis darstellte, bei zumeist ruhiger See.

Später erfuhr man, dass vor Gibraltar der Flugzeugträger „Ark Royal" durch U-Boot-Torpedos versenkt wurde.

An Bord aller anderen Schiffe hielten die Wachen ständig Ausschau nach angreifenden U-Booten.

Was waren das alles für Menschen?

Welche Kraft trieb diese Männer an, solche Gefahren einzugehen und den Tod nicht zu scheuen!

Im Zweiten Weltkrieg fehlte es nicht an geheimnisvollen Unternehmungen.

***

Erstickte Schreie!

Überall Tote!

Es gab über 30 Millionen, die ihr Leben verloren.

Viele Soldaten und Menschen in Deutschland und anderen Ländern begannen über den Krieg nachzudenken.

Hört das nie auf?

Männer ziehen in den Krieg, ja sogar Frauen tun ihnen gleich. Lächelnd stehen sie da, um für die Angehörigen schnell noch ein Erinnerungsfoto zu machen. Für jetzt und später, als Andenken. Als wäre das alles ein Picknickausflug oder eine Reise in ein exotisches Land.

Doch es kommt für die Jungs, diese Matrosen, ganz anders.

Noch nicht ahnend, verlieren sie einige Wochen und Monate später ihre ersten Kameraden, und die Nächte werden zur Hölle.

Diese Zeit, in der ihre Frauen und Kinder nachts schlafen, sinken dort draußen Schiffe, fallen Bomben vom Himmel.

Die See ist rau, das Meer schmeißt mit seinen Wellen nur so um sich, als hätte es reichlich davon.

Genug, um Menschen mit sich nach unten zu zerren.

Ludwig hat noch keine Kinder, keine Frau, um die er sich in dieser Zeit Sorgen machen muss. Als gäbe es nicht schon genug davon, unter dem Sternenhimmel vor Gibraltar – Kummer und Sorgen.

Für ihn ist es wahrscheinlich noch ein Abenteuer, denn sein junges Blut möchte dieses Adrenalin spüren.

Ludwig hat in der Heimat noch Eltern und Geschwister. Er ahnt nichts davon, wie es gerade zu Hause aussieht. Dort wurden die Familie und Angehörige ausgebombt. Weit weg fuhren sie, um dem Leid und der Obdachlosigkeit aus dem Weg zu gehen. Mit nur einem kleinen Köfferchen verließen sie ihr zerstörtes Haus.

Dasselbe Leid da draußen auf dem eisigen Meer. Monatelang hallte das Lied in den Ohren. Tote, verletzte Kameraden, und erst jetzt begriff der junge Mann. Wird er das Geschehene rückgängig machen können, wird er vergessen können? Sicher nicht.

Wieder wurde ein Kamerad getötet.

Seinen Hund nahm Ludwig einige Zeit an sich, bis er eine gute Familie an Land finden würde. Wenigstens war noch Mitleid für ein Tier da.

Die Freude schrumpfte, mit der er vor Monaten als Matrose hinauszog. Das war kein Spaß mehr.

Das Einzige, was ihn noch aufmunterte, war sein Fotoapparat, weil er leidenschaftlich gerne Fotos machte und sogar selbst entwickelte.

Doch was sollte er hier draußen fotografieren?

Ihm blieb nichts anderes übrig, wie dieses Geschehen festzuhalten.

Wird er das alles überleben?

Würde er seine Familie, die Eltern und Geschwister jemals wiedersehen?

Die Angst stand Ludwig im Nacken.

Er hatte noch kein Auge zugetan, als es schon wieder von neuem losging.

Erschöpft sank er früh um fünf Uhr auf seine Liege. Er kauerte sich zusammen vor Kälte und Müdigkeit.

Ludwig versank in einen Tiefschlaf und träumte, dass sein Bruder verletzt worden sei, der in den Osten von Deutschland ziehen musste. –

Und er träumte, dass er ihm nicht helfen konnte.

Unruhig wachte er auf, doch sein Traum weilte nicht lange mit seinen Gedanken, als er von einem neuen Angriff aufgerüttelt wurde.

Es gab in diesem Moment kein Entrinnen – er war auf hoher See. Wo sollte er jetzt hin?

Wenn er springen würde, wüsste das gewaltige Meer bestimmt etwas mit ihm anzufangen. Er wollte nicht auf den Meeresboden hinabgezogen werden.

Ludwig zog es vor zu leben, gab es doch keine andere Wahl.

Es würde eine lange Reise werden. Eine ins Ungewisse.

Die Sehnsucht war groß, das Heimweh immer stärker.

Was ist aus seiner Heimat geworden, wo sind die Menschen und die hübschen Mädchen, die er gekannt hatte?

Keine Spur von Zärtlichkeit und Liebe.

Nur heulende Sirenen, Bomben, Flugzeuge, Schiffe, die sanken.

Ludwig begann zu rauchen. Das lässt das Zittern verschwinden, und der Rum wärmt den Körper – er lässt die Angst verschwinden.

Immer weiter und weiter, bis aus den paar Glimmstängeln eine Sucht entstand. Erst zehn, dann zwanzig Zigaretten, und nach Jahrzehnten hatten ihn die Kriegserinnerungen wieder eingeholt. Diese Zeit und der Krieg lassen ihn nicht mehr los, da Kriege und Leid bis heute kein Ende genommen haben.

Der Hund, den Ludwig zu sich nahm, fand leider kein Zuhause mehr an Land. Wieder fand ein Angriff statt. Flugzeuge warfen ihre tötenden Bomben hinab. Von unten auf dem wild um sich schlagenden Ozean, ein nahendes Schiff. Schüsse fielen. Granatwerfer hörte man. Ludwig beschäftigte sich gerade mit dem Hund. Er versorgte ihn rührend. Doch dieser bekam es mit der Angst, und sprang auf Ludwig zu. Einen Moment nur. Er wollte nur Wasser holen. Mehrere Schüsse fielen. Dann blieb Ludwig auf dem Boden liegen. Auf ihm der Hund. Er hielt ihn in seinen Armen. Er regte sich nicht. Kein Atemzug, kein Hecheln.

Als dieser furchtbare Angriff vorbei war, stellte Ludwig fest, dass der Hund mit ein paar Schüssen getötet wurde. Dieser treue Gefährte rettete ihm das Leben.

Schüsse, die Ludwig getroffen hätten, wäre der Hund nicht zu ihm gerannt.

Traurig richtete er sich auf, mit dem Hund in seinen Armen.

Unzählige Menschen und Tiere verloren ihr Leben in diesen Jahren.

Der Hund war nicht nur mit Kugeln bestückt. Er hatte auch Splitter in seinem kleinen Körper stecken. Blut lief. Das Blut eines treuen Freundes.

Ludwig wickelte ihn in eine Decke und bestattete ihn hier auf See. Weinend ließ er den Vierbeiner hinab in die Wellen gleiten. Geh, geh hinaus zu deinem Herrchen, der schon dort ist. Dann schwor sich Ludwig, wenn er das alles überleben wird, dann schenkt er solchen Hunden ein gutes Zuhause. Tatsächlich hatte er fast bis zu seinem Tod immer einen Hund an seiner Seite. Es waren viele, und Ludwig holte sich dadurch stets die Erinnerung zurück.

Endlich Land in Sicht.

Ludwig gingen Sehnsuchtsgedanken durch den Kopf. Eine Frau, ein warmes Bett, dann schüttelte er sich. Das Fieber hatte ihn eingeholt.

Man durfte kurz vom Schiff und den Boden von Gibraltar berühren. Hier war es so schön, und am liebsten würde er sich verstecken, damit er dem allen entgehen könnte.

Außer den geheimen Gängen und Irrwegen führt hier ein interessanter Gang hinüber auf die andere Seite, einer aus Kalkstein. Das und mehr, so erzählten die Bewohner dieses Landes.

Es ist die Kalksteinhöhle, die beide Seiten verbindet. Durch diese Höhle von Gibraltar führt ein Gang direkt nach Afrika. Von dorther kamen einst die Berberaffen, und die wanderten rüber und nüber. Die Affen bleiben jedoch das Wahrzeichen von Gibraltar.

Der Aufenthalt war viel zu kurz, um mehr zu entdecken und zu sehen. Es war ja keine Urlaubsreise.

Zurück auf das Schiff, wo die Fahrt sofort weiterging. Dort bemerkte man, dass ein Mann fehlte. Es wurde kein großes Aufsehen gemacht, dazu fehlte die Zeit. Der Kapitän schwieg. Was hätte er auch davon gehabt, er war ein guter Mensch.

Jahre später erfuhr Ludwig, dass dieser fehlende Matrose in Gibraltar heiratete. Über Funk wurde der Kapitän mit seiner Mannschaft um Hilfe gebeten. Tagelang wiederholte sich das vorher Erlebte noch einmal. Grau waren die Wolken und das Meer, von den Bomben, dem Schweif der Flieger. Mitten im Kriegsgeschehen, das Ludwig mit seinem Fotoapparat festhielt.

Der Überraschungsangriff auf Pearl Harbor im Dezember 1941 zerstörte 19 Schiffe der amerikanischen Pazifikflotte. Es war eine Welt voller Zweifel, eine Mischung aus Gewalt, Bedrohung und Einschüchterung. Hitler hatte längst schon die Macht übernommen. Sohn einer katholischen Bauerstochter, der Vater ein österreichischer Zollbeamter. Hitler wurde als sehr launenhaft und faul beschrieben.

Er war überzeugt, dass an seinen Problemen die Juden schuld seien, und er hatte sich in einen regelrechten Judenwahn hineingesteigert.

Aber eins konnte er gut, dieser Hitlerjunge – gut reden. Und dann – man muss schon sagen, dass Derartiges die Welt bislang noch nicht erlebt hatte. Innerhalb kürzester Zeit hatten die Deutschen unter Führung von Hitler nach der Weltherrschaft gegriffen. Viele ostdeutsche Soldaten wurden nach Russland eingezogen. Während die Sowjets kapitulieren, verlieren sie mehr als 200.000 Menschen.

Unzählige Juden wurden nach Auschwitz deportiert. Die Züge hielten an den Bahnhöfen, und wie die Fliegen wurden Hunderte von Menschen hineingejagt. Zusammengepfercht standen oder saßen sie dort. Für manche war es nur ein kurzer Ausflug nach Auschwitz. Den vielen Menschen geschah ein unverzeihliches Leid. Keine Entschuldigung würde ausreichen für das, was dort geschah. In dieser Zeit gab es viele brennende Häuser, Schreie und das Wimmern von Kindern. Das alles war nicht zu überhören. Feuer setzte sogar Menschen in Brand, die sich nicht mehr retten konnten. Wie brennende Fackeln liefen sie aussichtslos, sie verbrannten bei lebendigem Leib. Später sah man nur noch die verkohlten Leichen. Soldaten, die dann zu Hilfe kommen wollten, wurden erschossen, auf dem Weg in das Elend. Viele durften das Glück haben, wieder nach Hause zurückzukehren. Doch vergessen werden diese Menschen nie.

Ob es nun um den Krieg in Deutschland, Russland, Polen, Frankreich, Italien, Großbritannien, die Luftschlacht um England, den Blitzkrieg in Griechenland, das Gefecht bei den Salomoninseln oder die Atlantikschlacht geht – mit was auch immer Krieg geführt wurde – Panzer, Bomben, Gewehre –, alles war schlimm genug, dass man doch denken müsste, nie wieder etwas Derartiges zu wiederholen.

Deutsche Truppen räumen die Stadt Odessa.
Die Abenteuerlust von Ludwig war nicht mehr groß.
Befehle mussten durchgeführt werden. Man hatte keine Zeit zu denken und keine andere Wahl.
Zu viel hatte er inzwischen gesehen und gehört. Seine Ohren waren immer noch wie taub von den vielen Schreien auf See. Die Lust auf Abenteuer, sie war gesprengt worden, von den Minen, die tödlich waren.

In diesem Land ist es kalt. Die russischen Winter, so hört man, sind mit die kältesten, die es gibt.

Doch Ludwigs Vater ist weit entfernt von alledem. In der Heimat, wo die Menschen von dem Elend der Bomben aber auch nicht verschont blieben.

Er wird sie nicht finden, wenn der Krieg vorbei ist. Sind sie doch fort, geflohen vor Angst. Das Haus ausgebombt. Überall, wie auch in Odessa, großes nicht wiedergutzumachendes Leid.

Ludwig war sich dessen sicher. Hätte er sich geweigert, wäre er erschossen worden.

Aber auch hier in Odessa – der Kampf zwischen zwei verschiedenen Ländern endete ebenfalls mit vielen Toten und Verletzten.

Nach schweren Kämpfen vertrieben die Sowjets die Deutschen.

Doch damit war wahrscheinlich immer noch nicht genug, da hatte man im August 1945 auch noch viel Unheil anrichten müssen.

Über Hiroshima und Nagasaki wirft ein Bomber die Atombombe mit einer enormen Zerstörung der Stadt, und 80.000 Menschen kommen in Hiroshima sowie 36.000 Menschen in Nagasaki bei der zweiten Atombombe ums Leben. So viel Trauer, so viel Verlust, so viel Angst – die Menschen auch weitergeben auf dieser Welt.

***

Und wer zu Weihnachten nicht bei den Familien in der Heimat sein durfte, schmückte im U-Boot oder sonst wo ein kleines Bäumchen, um wenigstens einen Augenblick

an sich zu glauben. Doch die Angst war immer allgegenwärtig.

Man wird sie weitergeben, sie sitzt in der Seele – tiefgrün-
dig. Noch die Kinder und Enkelkinder werden sie leben.

***

Wenn dich Leid am Boden hält, dann leih dir Flügel, und
du kannst fliegen, kannst auch träumen und den Himmel
leicht berühren.

***

Freiheit liegt dort –
jenseits der Mauer, die wir selbst errichten.

***

Die Seele des Matrosen Ludwig wandert mit den Menschen, die noch leben und sich erinnern.

Frieden und Gerechtigkeit sind zwei große bedeutende
Worte.

***

Es wird keine zweite Reise wie diese, die ihn in den Krieg
führte, für ihn geben, das schwor er sich.

Sein letzter Kriegssommer sollte keine Wiederholung
werden und nach den stürmischen Winden des Winters
endlich ein Ende nehmen.

Die Natur hatte viel nachzuholen.

Aber auch die Menschen, die Furchtbares erleben mussten.

Auch er erkannte, dass der faschistischen Wehrmacht das Rückgrat gebrochen worden war.

Die U-Boote waren zu schwimmenden Särgen geworden. Einen Augenblick herrschte Stille auf dem Schiff.

Es gab Spekulationen, Gerüchte, neue Hoffnung.

Der Krieg wäre wohl zu Ende.

Nach Jahren grausamer Einsätze auf dem Meer, zwischen Kälte und Tod, sollte es endlich vorbei sein.

Die See war auch ruhiger geworden, und Ludwig hatte keine anderen Gedanken mehr. Er wollte nach Hause.

Die bleiche Wolkenbank bekam endlich und allmählich einen roten Schimmer.

Sein Empfinden ist wie tot, und die ganze Nacht wälzt sich Matrose Ludwig auf seiner Koje hin und her.

Er hatte Angst, dieses Schiff zu verlassen. Zu lange war er draußen gewesen.

Der Seekrieg, der U-Boot-Krieg, der Luftkrieg und der Landkrieg sollten plötzlich vorbei sein? Man konnte es kaum glauben.

Keine Schreie, keine ohrenbetäubenden Töne mehr?

Doch der eingedrillte Gehorsam steckte fest in seinem Nacken. Er war erschöpft.

Es war eine der schlimmsten Zeiten in seinem Leben, den Tod auf den Meeren zu sehen.

Eine der schlimmsten Katastrophen der Seefahrt war 1945, als der deutsche Passagierdampfer „Wilhelm Gustloff" in der Ostsee von einem sowjetischen U-Boot torpediert wurde. Tausende Manschen fanden den Tod.

Es musste doch bald ein Ende haben.

Im April 1945 besetzten amerikanische Truppen Leipzig. Doch bereits Ende April begeht Hitler unter der Reichkanzlei in Berlin Selbstmord.

Der Krieg in Europa endete somit am 7. Mai 1945.

„Bringt die Jungs nach Hause", war ein Slogan im September 1945. Einer der Pläne, die innerhalb der nächsten zehn Monate wahr wurden.

Land in Sicht!

Ludwig durfte endlich nach Hause. Er fror, sein Gehirn war leer und sein Herz eine große Wunde.

Der Krieg hatte tiefe Wunden hinterlassen, die nicht wieder zu heilen waren.

Es kam die Ernüchterung für ihn, als er seine Heimat, den Boden mit seinen Stiefeln berührte, dort, wo er geboren ist.

Es waren viele Häuser zerstört, ausgebombt und verlassen.

Menschen standen in einer großen Schlange, stundenlang, damit sie etwas zu essen für die Kinder bekommen.

Und wer etwas Butter oder Margarine erhielt, musste sie aufkratzen und wieder abkratzen.

Er lief in die Gasse, wo er aufgewachsen war, und fand einen ausgebombten Ort vor.

Ratlos und traurig stand er. Dann setzte sich Ludwig erst einmal auf einen Berg Steine, um das alles zu begreifen.

Ja, er war lebend heimgekehrt, mit zwei Kameraden. Doch nun stand er vor dem Nichts.

Am späten Nachmittag kam ihm eine Frau, nur mit einem kleinen Köfferchen in der Hand, entgegen.

Es war seine Schwester Maria. Sie wurde nach der Mutter benannt. Er weinte vor Freude. Dann lagen sie sich lange in den Armen.

Ludwig wollte nun erst einmal in Erfahrung bringen, was aus dem Rest der Familie geworden ist.

Dann erzählte Maria.

Die Eltern waren zu alt, um fortzugehen, und wohnten in dieser grauenvollen Zeit im Nachbarort. Zwei andere Geschwister sind mit dem Zug davongefahren. Noch wüsste sie auch nicht, wohin diese Reise gegangen wäre. Der Bruder Alois wurde von der Familie als vermisst gemeldet, da man kein Lebenszeichen von ihm hörte.

Ludwig erinnerte sich blitzschnell an seinen Traum auf See. Dann versprach er seiner Schwester, die anderen zu finden. Aber erst wollte er noch zu den Eltern, die ja schon auf ihn warteten.

Jakob und Maria hatten fünf Kinder. Natürlich weinten sie vor Freude, wenigstens diese zwei zu sehen.

Ludwig fror, war müde und hatte den ganzen Tag noch nichts gegessen. Als er ein paar Bissen zu sich genommen hatte und kurz einnickte, kam gegen Abend dann eine Nachricht. Ein Telegramm.

„Wir sind in Wildflecken. Uns geht es gut. Margarete und Franziska!"

Doch Ludwig hatte keine Ruhe in sich und fuhr mit dem Spätzug bis nach Thüringen. Stunden, die er versuchte zu schlafen, überraschten ihn immer wieder mit den Erinnerungen auf dem offenen Meer. Er hört die Flugzeuge, die Bomben, die Schreie. Am anderen Morgen erreichte er, noch ein Stück per Anhalter, die „Hohe Rhön".

Er traf auf eine Bauersfamilie. Die ihn auch herzlichst aufnahm. Nach einem Bad in einem nahe gelegenen Teich bekam er etwas zu essen und ein Bett angeboten. Dankend nahm er das an, und schlief endlich ein.

Im Tiefschlaf weinte er und träumte von dem Kameraden und dem Hund.

Er blieb noch eine Nacht und fragte sich am nächsten Tag durch, um zu dem Ort zu gelangen, wo seine Schwestern waren.

Das Leben ging weiter.

Nun hieß es, viel aufzubauen und die Berge der Kriegszeit wegzuräumen.

Im Saarland wurde die Saar-Mark und in Frankreich der französische Franc eingeführt.

Im Osten Deutschlands gab es die Reichsmark und die Rentenmark.

Ab 1948/1949 war endlich die Deutsche Mark als Währung aktuell.

Bis dahin waren bereits die Berliner U-Bahn-Strecken wieder in Betrieb.

Doch die Lage war immer noch kritisch.

Es gab einen extrem langen und kalten Winter. Die Lebensmittel waren aufgebraucht. Teilweise war es in dieser Zeit noch schlimmer als 1945.

1948 fand die Gründung der Bundesrepublik Deutschland statt. Bereits 1949 gründete man die DDR.

***

Das Saarland war in dieser Zeit ein sozial geordnetes Land und wirtschaftlich an Frankreich angeschlossen. Politisch sollte das Saarland nach den Vorstellungen Frankreichs von Deutschland getrennt werden. Doch dieses Vorhaben scheiterte.

Die Prozesse liefen längst schon gegen die Verbrechen, als die Familie endlich eine Nachricht aus dem Osten Deutschlands erhielt.

Man war auf dem Weg in die deutsche Teilung. Mehr als zehn Millionen Flüchtlinge und Vertriebene fanden in der Bundesrepublik sowie in der DDR eine neue Heimat.

Man hatte auch über Alois nachgeforscht und erhielt eine schicksalklärende Benachrichtigung.

Im Schreiben las man über die letzten Lebensstationen und den Sterbeort von Ludwigs Bruder. Er wurde verletzt und starb schließlich am 25. März 1945 bei Leipzig.

Während man nun seit Jahren in Deutschland versuchte zu begreifen, was während des Krieges geschah, und unendlich bedauerte, gingen in anderen Ländern dieser Erde die Kriege und das Leid weiter.

Waren es in der Nachkriegszeit noch Bücher, Zeitschriften und Zeitungen und das Radio als Quellen für Informationen aus der ganzen Welt, so änderte sich das alles schlagartig, als der Fernseher die Welt eroberte.

Im Osten Deutschlands musste man stets auf der Hut sein, wenn man einen Westsender einschaltete.

Hier war die Stasi, dort die Partei und weitere Störenfriede, die die Menschen bespitzelten.

Zu manchen Tagen erinnerte er sich ziemlich an die Tänze und die Affen von Gibraltar, und die Kälte am Hafen von Odessa.

Für viele Menschen wurde das Leben eine geheime Sache.
Von nun an gab es ein geteiltes Deutschland. Die BRD und die DDR.

Inzwischen versuchten die Menschen, aus der DDR in den Westen zu fliehen. Über Stacheldrahtzäune, durch Kanalisationsrohre, versteckt im Kofferraum der Autos, und, und, und.

Viele starben durch einen Gewehrschuss, auch durch Verletzung von Minen, und auch die Gefängnisse wurden mehrfach geöffnet.

Hunger, Armut und Kriege gehen immer weiter.
Keine Vernunft, kein Mitleid.
Was treibt diese Menschen dazu, dort immer weiterzumachen.

Müsste die Liebe zu den Menschen, die Liebe zu dieser Erde nicht größer und mächtiger sein, als das Verlangen, solche Verbrechen zu begehen?

***

Der Matrose Ludwig ist längst schon fortgegangen.
Vielleicht zu seinem Kameraden, der mit dem Hund, oder wandert seine Seele vielleicht in Gibraltar?
Er liebte die Wärme, deshalb glaubt man nicht daran, dass er in dem kalten Odessa zu den Sternen gegangen ist.
Aber wer weiß!
Den Kampf mit dem Gegner hatte er überlebt, doch den mit sich selbst leider nicht.

Immer noch, Jahrzehnte danach stellt man sich neue Fragen.

Die Suche nach Informationen, das Auffinden Angehöriger, und wo sind die vielen Vermissten?

Wo kamen eigentlich die Vorfahren her?

Man erzählte sich damals nicht sehr viel über die Vergangenheit. Aber jetzt erst recht möchte man mehr wissen.

Waren seine Ahnen vielleicht doch Franzosen?

Und wo ist er begraben, der Bruder? Auf welchem Friedhof in Leipzig?

Er selbst wird es nicht mehr erfahren. Man hat zu wenig gesucht, gefragt und gewollt. Wahrscheinlich wollte er seinen eigenen erlebten Krieg verarbeiten, und auch vergessen.

Was war noch alles geschehen in dieser Zeit, nach der man immer sucht.

Neue Fotos, neue Gedanken, neue Fragen.

Eine Zeit, die uns von neuem bewegt.

Wo war Ludwig mit diesem Pferd unterwegs?

Wir können ihn nicht mehr fragen.

Epilog

Nachdem Jakob, der Vater, seine erste Frau Flora Cecelia verlor, lernte er Maria kennen. Sie hatten fünf gemeinsame Kinder. Er wurde 90 Jahre alt.

Alois starb im Krieg, und nach Jahrzehnten recherchierten wir und erfuhren, dass er auf dem Soldatenfriedhof Leipnitz bei Leipzig begraben wurde. Er wurde nur 29 Jahre.

Ludwig zog es, nachdem er seine beiden Schwestern nach Hause in das Saarland gebracht hatte, wieder zur „Hohen Rhön" zurück. Dort heiratete er und wurde 86 Jahre alt.

Die Schwestern Margret und Franziska heirateten im Saargebiet. Margret wurde ebenfalls 90 Jahre. Franzi starb gleich nach der Wende.

Maria, die sich während der Bombardierung in einem Grubenort versteckte, lernte in dieser Zeit einen Mann kennen. Nachdem sie mit dem Koffer heimgekehrt war, packte sie erneut ein paar wenige Sachen. Ihr Weg führte direkt zurück zu diesem Mann, den sie dort heiratete. Auch sie starb einige wenige Jahre nach der Grenzöffnung.

Wir durften sie alle noch kennenlernen und erfreuten uns an einigen gemeinsamen Stunden.

Danke!

Danielle Casanova

Ich möchte euch eine traurige Geschichte weitergeben, so wie ich sie gelesen habe.

Es geht um Danielle, die in Korsika geboren ist. Ich glaubte ihr nah zu sein, ihrer Seele, als ich selbst auf dieser Insel war.

Ich habe sie nicht gekannt, und doch denke ich ständig an sie.

Noch über ihren Tod hinaus werden sich viele an sie erinnern.

Mit ihr sind so viele Menschen fortgegangen, nicht freiwillig, und nicht wieder in ihre Heimat zurückgekehrt.

Ihr Name ist Symbol für abertausende Menschen.

Danielle Casanova wurde am 9. Januar 1909 in Ajaccio/ Korsika geboren.

Korsika ist ein wildes, duftendes Land, Insel mit Bergen und Meer zugleich.

Wenn man einmal dort war, spürt man die Liebe der Menschen zu ihrem Land.

Die meisten sprechen Französisch, doch ihre Großmutter liebte ihr Vaterland so sehr, dass sie nur Korsisch sprach.

Danielle hatte eine schöne Kindheit und wuchs wohlbehütet unter der Mittelmeer-Sonne auf.

Während ihrer ganzen Kindheit hatte sie den leuchtenden Strand von Ajaccio vor den Augen.

Sie spielte mit ihren Geschwistern, war fröhlich, lachte, sang und sprang mit dem Wind und der Sonne um die Wette.

Auf Korsika verzog man die Kinder nicht.

Das Land war arm, und man spürte viel Gerechtigkeitssinn.

Danielle war lebhaft und fröhlich, aber zugleich sehr empfindsam. Sie las viel. Das Buch, das sie als Kind am meisten bewegte, war „Onkel Toms Hütte".

Es machte sie traurig, dass man die schwarzen Sklaven verfolgte und wie Tiere behandelte.

Es war ihr Lieblingsbuch, und sie konnte sich nicht davon trennen.

Ihr Gerechtigkeitssinn war stärker als alles andere.

Eigentlich hieß sie ja Vincentella Perini, und manchmal nannte man Vincentella auch Lella.

Man muss dort gewesen sein, um das alles zu verstehen, denn schon Danielle war stolz auf ihr Korsika, die „Insel der Schönheit".

Bis dahin hatte sie ihre Insel noch nie verlassen.

Für sie war es einer der schönsten Plätze der Welt, und sie konnte sich nicht sattsehen am Blau von Himmel und Meer, am Rot der Felsen und dem silbrigen Grün, vom Strand golden eingefasst.

Danielle atmete die Meeresluft, ihre Haut war sonnen- und salzdurchtränkt, und die ganze Schönheit drang in ihr Herz.

Die Korsen waren sehr abenteuerlich und phantasievoll.

Danielles Eltern und die Einwohner waren an heißen Tagen oft am Strand.

Am Abend sah man das dunkle Wasser des Meeres, die glitzernden Sterne am Himmel. Diese Nächte waren wirklich unvergesslich für sie.

Später dann, im Dunkel der Zelle standen sie Danielle oft vor Augen, diese Abende und Nächte, als Sinnbild von Glück und Freiheit.

Ihre allergrößte Freude war das Schwimmen.

Sie war die beste Schwimmerin und hätte sich wahrscheinlich einen Preis geholt.
Weit ins Meer hinaus glitt sie über das Wasser, die Augen dem Himmel zugewandt, immer weiter.
Ohne Angst vor Gefahr, dass ihre Kräfte eines Tages einmal nachlassen könnten, stieß sie so im Leben vor, unerschrocken und ohne zu wissen, dass sie eines Tages nicht zurückkehren sollte.

Danielle muss wunderschöne Augen gehabt haben.
Sie wären wohl groß geschnitten unter dichten Brauen, kastanienbraun gewesen, und sie funkelten nicht nur, sondern leuchteten gleichzeitig wie aus Samt.
Ihre Freundinnen beschrieben sie später so.
Dann ging sie wohl kurze Zeit fort, und eines Tages sah man sie wieder in Ajaccio an Land gehen.

Im Jahre 1935 unternahm sie ihre erste große Reise ins Ausland, zu einem Kongress der Kommunistischen Jugendinternationale in Moskau. Dieser Kongress erfüllte sie mit Begeisterung.
Sie konnte nun ihr Land in die Politik einordnen.
In einigen Ländern befand sich der Faschismus, vor allem in Deutschland.
Europa rannte in einen Krieg und zog die ganze Welt mit sich.
Als Gründerin und Leiterin der „Jeunes filles de France" ging sie vor allem in die Geschichte ein.
Es war eine Organisation gegen den Faschismus.
Noch viele Kongresse folgten dem ersten, mit etwa 20.000 Mitgliedern.
Während ihrer Zeit sah sie viel Leid, Armut und erlebte

Angriffe. Sie sah zerbombte Städte, lernte obdachlose Menschen kennen und sah das Elend der Tage ohne Brot, ohne Licht und Winter ohne Kohlen.

Danielle war erschüttert von dem, was sie erlebt hatte.

1938 fuhr sie nach New York zum Weltjugendkongress für den Frieden.

***

Der Krieg ist da.

Sie irrte von Versteck zu Versteck.

Krieg, Gefahr und Kampf hatten aus Danielle längst eine andere gemacht.

Dennoch empfand sie es als höchstes Glück, nützlich zu sein.

Danielle war aber auch Zahnärztin, und vor allem Frau.

Sie traf ihren zukünftigen Ehemann, Laurent Casanova, den sie im März 1940 zum letzten Mal sah.

Sie lebte schon illegal, und er stand unter Beobachtung. Nur mit größter Vorsicht konnten sie sich noch einmal treffen.

14. Juli 1941 – Danielle hatte eine Kundgebung organisiert.

Es war ein herrlicher Tag. Die Sonne wärmte die Menschen. Alles rief: „Es lebe Frankreich!" Nieder mit den Boches!"

Menschen riefen, lachten, weinten.

Doch dann ...

Die Gestapo hatte eilig eine Sperre gebildet.

Lastwagen und Maschinenpistolen erwarteten die Demonstranten.

Es gab viele Verhaftungen.

Wenige Tage später wurden zwei Jungen aus der Kommunistischen Jugend hingerichtet.

Sie hasste die Verräter Frankreichs und die Nazis.

Sie wehrte sich und rief hinaus.

Sei still! Man wird dich verhaften. Doch sie konnte nicht schweigen.

Als sie von der Exekution weiterer Menschen erfuhr, konnte Danielle sich nicht mehr zurückhalten, denn ihr Schmerz kannte keine Grenzen mehr.

Sie schrieb ein Flugblatt.

Danielle wurde krank, und sie litt sehr darunter, nicht mehr nach ihrem Korsika fahren zu können.

Auch mit den fortschrittlichsten Intellektuellen des Landes, mit dem Philosophen Georges Politzer, dem Gelehrten Solomon und dem Schriftsteller Decour stand sie in enger Verbindung.

Sie alle bezahlten noch mit ihrer Liebe zu Frankreich mit ihrem Leben.

Im Februar 1942 wurde Danielle verhaftet.

Zuerst wurde sie in das Polizeigefängnis gebracht.

Die Zellen waren klein und dunkel, und bis zu 15 Frauen sperrte man dort hinein. An den Wänden saß der Schwamm.

In Danielles Zelle waren sogar 25 Menschen untergebracht.

Sie tröstete die Weinenden und machte ihnen Mut.

Von dort schrieb sie ihrer Mutter einen Brief, der sehr ergreifend war.

Irgendwann zu dieser Zeit kamen SS-Männer herbei und traten sie mit ihren Stiefeln, drehten ihr die Handgelenke um, zerrten sie bis in ein unterirdisches Verlies.

Ohne Wasser, keine sanitären Anlagen, keine Liege.
Sie schlief auf dem eisigen Zement, ohne Decke und ohne Mantel.
Dann erkrankte sie an einem schweren Leberanfall.
Sie war grünlich-gelb, als man sie dort herausholen musste.
Doch sie lächelte.

Die Deutschen kannten Danielle und ihren Einfluss auf die Menschen.
Wie oft hatten sie ihr gesagt, sie erschießen zu wollen.
Doch sie entschieden sich und sagten ihr, dass man „Besseres" für sie hätte.

Danielle schrieb weiterhin Briefe.
Am 14. Januar 1943 erhielt ihre Mutter, „Madame Perini", noch einmal einen Brief von ihrer Tochter. Sie teilte ihrer Mutter mit, dass sie am nächsten Tag Abfahrt nach Deutschland machen, mit ihr noch 231 Frauen.
„Ich sage euch auf Wiedersehen, ich küsse alle, die ich lieb habe", so schrieb sie weiter.

231 Frauen, und nur 49 kehrten zurück.
Von da an begann ein weiterer Leidensweg.
Dann betraten sie das Lager in Auschwitz.
Die Deutschen nannten sie die „dreckigen Französinnen".
Es war kein gewöhnliches Lager – ein Vernichtungslager.
Zu Danielles Zeit starben fast täglich 500 Menschen.
Manche wurden direkt in die Gaskammer geführt.
Es war nicht nur schrecklich, es war hundertmal schrecklicher.

Wenige Meter von der Umzäunung entfernt lagen nackte Leichen.

Wie Küchenabfälle wurden sie dort hingeworfen.

Sonntag hatte man ein Recht auf Wasser, die Juden nicht.

Die von Fieber gequälten Juden bettelten, um einen Tropfen zu trinken.

Doch das Wasser war verseucht. Es roch nach Leichen. Die Kälte war unerträglich. Füße erfroren oder Finger. An jedem neuen Tag kam der Leichendienst, um die Körper einzusammeln.

Danielle begriff sehr schnell.

Und nicht zuletzt erregte es einen SS-Mann, wenn er die nackten, sterbenden Frauen sah.

Zwischen zwei Blöcken wurden wieder und wieder die Leichen aufgeschichtet. Sie waren nackt durcheinandergeworfen, und manchmal waren sie noch nicht ganz tot, als man hier und dort einen Arm zucken sah.

Im Aufnahmebüro fragte man Danielle nach ihrem Beruf. Sie sagte „Zahnärztin".

Aber das interessierte die SS-Männer sowieso nicht wirklich. Und doch war es für sie eine Chance.

Dadurch konnte sie in einem einigermaßen sauberen Raum wohnen, sich waschen, und etwas mehr zu essen bekommen.

Sie entging auf diese Weise den Appellen, den Erdarbeiten, und konnte ihren Beruf weiter ausüben. Und vielleicht, so dachte man, könnte sie dieser Hölle entkommen, Verbrechern und Mördern.

Danielle behandelte die Frauen, die Chefs und die Lagerleiter.

Sie ließ sich in Naturalien bezahlen.

„Bringen sie der französischen Zahnärztin Lebensmittel und Kleidung", wies man an.

Mit vollen Händen ging sie zu den vielen Menschen und brachte ihnen Wollsachen, saubere Wäsche, Schokolade, Kartoffeln und Backobst.

Dann musste sie Medikamente wie Kohletabletten, Aspirin und Herzmittel verteilen.

Manche hatten die Ruhr, Typhus, auch Diarrhöe.

Viele starben an diesen Krankheiten.

Die meisten sagten nach einiger Zeit, dass es Danielle gewesen wäre, die sie aufrecht gehalten hätte. „Sie hat uns nicht sterben lassen."

Abends kam sie und brachte Tee, Medikamente, ihr Lächeln, und doch litt sie sehr darunter, dass sie durch ihre Stellung Vorrechte genoss.

Ein Bericht erreichte durch abenteuerliche Weise London.

Zum ersten Mal hatte man genaue, unbestreitbare Angaben über dieses Todeslager. Eine Welle des Entsetzens lief über die Welt und stärkte den Willen der Völker im Kampf gegen die Nazis.

Danielle sah noch viele sterben, so auch ein Kind in ihren Armen.

Jede Minute, die sie dort zubrachte, brachte sie auch mehr in Lebensgefahr.

Dann war da noch immer der Typhus.

Danielle klagte plötzlich mehrere Tage über Kopfschmerzen.

Noch immer versorgte sie die Frauen mit Tee und anderen Sachen.

Noch immer hatte sie ein Lächeln.

Plötzlich musste sie sich hinlegen.

Sie litt unter einer besonderen schweren schmerzhaften Form von Typhus. Ihr Körper war von Flecken übersät, der Rücken schmerzte, und sie hatte hohes Fieber.

Dort, wo sie Tage, Wochen und Monate andere gepflegt hatte und sterben sah, lag sie nun selbst.

Nun pflegte man sie und bereitete ihr besonders zubereitete Kost, gab ihr Spitzen, und sie taten alles, um sie zu retten.

Jede der Kameradinnen wusste, dass Danielle Blumen liebt. Sie gingen heimlich hinaus und pflückten ihr Zweige von Flieder.

Danielle lächelt in ihrem Fieber, und zum ersten Mal sieht sie Blumen im Todeslager.

Dann liegt sie im Delirium.

Einmal erwachte sie, glaubt einen Zug zu hören, ruft nach ihrer Mutter und beginnt sogar zu singen.

Es war das letzte Mal, dass sie sang.

Ihr Kopf fiel zurück. Sie verlor das Bewusstsein, und das Fieber stieg in die Höhe.

Dann starb die französische Heldin „Danielle Casanova" im Nazilager Auschwitz.

Im ganzen Lager sprach man mit Bewunderung von der französischen Zahnärztin.

Nach der Befreiung drang die Nachricht nach Korsika durch.

Alle Glocken Korsikas läuteten für Danielle.

Straßen, Schulen, Hochschulen und sogar eine Fähre tragen ihren Namen.

Für Danielle Casanova
Onkel Toms Hütte
Ein Abend in Onkel Toms Hütte

EIN ABEND IN ONKEL TOMS HÜTTE

Onkel* Toms Hütte war ein kleines Blockhaus, dicht neben dem »Hause«, wie der Neger die Herrenwohnung nennt. Davor war ein hübscher Gartenfleck, wo jeden Sommer, sorgfältig gepflegt,

Ich schwöre:

Der Deutschen Demokratischen Republik, meinem Vaterland, allzeit treu zu dienen und sie auf Befehl der Arbeiter-und-Bauern-Regierung gegen jeden Feind zu schützen.

***

Der Dienst in den Grenztruppen der DDR ist Waffendienst im Frieden für den Frieden.

***

Vergessen wollen wir nie

Vergessen wollen wir nie unsere Herkunft.
Die Felder nicht und nicht,
die säen und ernten;
die Werkhallen nicht und nicht,
die drin arbeiten ...

***

Gesicherte Grenze – gesicherter Frieden

Ein bisschen DDR

Es war Sommer 1978.
Ich lief durch die Gassen bis ans Ende der Allee, wo ein Weg zum Wasser führte. Es war der Ort, den ich so liebte. Diese Freiheit, die das Glitzern umrahmte.

Doch gab es auch Herbsttage, an denen man nicht einmal ein Haus und einen Baum erkennen konnte, so dicht war der Nebel.

Als er über das Dorf gezogen war, und wie als wäre er nie da gewesen, sah man auch diesen Zaun, der auf die andere Seite führte. Er zeigte uns eine Grenze, wie weit wir gehen durften.

Man konnte an klaren, sonnigen Tagen bis zum anderen Teil Deutschlands schauen. Es war eigentlich gar nicht weit.

War es jedoch komisch, dass ein paar Meter weiter ein anderes Deutschland sein sollte? Eine scheinbar andere Welt?

Man konnte rufen, und der dort drüben konnte uns hören.

Dann schaute ich noch einmal zurück, winkte zum Abschied, ohne noch Worte hinzuzufügen.

Ich lief nach Hause. Mit einem Lächeln stand ich da und war froh, wieder einmal ein Stück Freiheit gespürt zu haben.

Ich kannte es so und gab mich damit zufrieden.

***

Am nächsten Tag traf ich Walter.

Ich hatte ihn schon öfters gesehen. Aber er wohnte in einer anderen Straße. Genau in der, wo der Zaun des Verbotes nicht weit von seinem Elternhaus verlief. Er sah mir in die Augen, etwas zu tief. Ich wurde rot, und mir wurde ganz heiß. Das konnte ich noch nirgends einordnen. Wir wechselten ein paar Worte. Dabei spürte ich ein Bauchgefühl. Es waren die Schmetterlinge. Die meisten, die darüber sprachen, sagten – daran zu merken, wenn man verliebt ist. Darüber hatte ich auch schon gelesen.

„Berta", sagte er, „wollen wir uns heute Abend treffen?" Inzwischen hatte ich auch schon davon gehört, dass sich junge verliebte Pärchen dort am Dorfausgang an der Wartehalle trafen.

Als ich wieder zu Hause war, öffnete ich die Türe zum Bücherzimmer meines Vaters. Ich suchte mir ein Buch aus, das über die Liebe erzählte.

Nach einigen Seiten legte ich das Buch auf das Fensterbrett, um nachzudenken.

Ich stand gerne im Licht, um alles aufzunehmen, was sich darin verbarg, und bereute es nie, wieder eine neue Lebensgeschichte in mir wirken zu lassen. Doch nicht nur die jungen Verliebten verbargen sich in den Zeilen. Auch die Alten gaben ihre Geschichten weiter. Für mich selbst gab es keine verlorene Zeit.

Ohne anzuklopfen, stand da plötzlich Walter.

Eigentlich waren wir für später verabredet.

Ich hatte die Türen offen stehen. Zu dieser Zeit musste man nie eine Haustüre abschließen, somit auch keine im

Inneren. Jeder kannte jeden, und das Vertrauen war inbegriffen in der DDR. Dachte ich, damals.

Er hätte an der Haustüre schon gerufen, die weit offen stand.

Ich schaute ihn genau an. Mir war, als hätte ich schon wieder ein Flattern in mir. Wieder schaute mich Walter durchdringend an. Wiederholt spürte ich meine Röte, die förmlich aufblühte in meinem Gesicht.

Er legte seine Arme um meinen Körper, schloss seine Augen und küsste mich. Seine Lippen schmeckten nach wilden Früchten. Augenblicklich waren wir beide wie im Rausch.

Dabei blieb es für diesen Tag. Diesem Gefühl gaben wir uns hin, doch alles andere zögerten wir noch hinaus.

Er würde so gerne mein Freund sein. Ich hatte nichts dagegen, antwortete ich ihm.

Ich wusste jedoch nun, dass ich ihm gefiel.

Walter sagte mir noch, er würde solche Mädels mögen wie mich. Er liebt mich, gestand er mir.

Er hingegen wirkte total verführerisch.

Heiße Sommertage folgten dem Beginn unserer Liebe.

Wir trafen uns an der Bushaltestelle, am Schwimmbad und im Kino.

Das Licht ging aus im Saal. Der Filmvorspann lief, und ich spürte seine Arme um meine Schultern.

Schaute ihn von der Seite an, bis ich näher und noch näher an ihn gerückt war.

Ja natürlich wollte ich ihn. Am liebsten sofort, und legte meinen Kopf an den seinen. Ich roch seinen Körper, seine Männlichkeit, die sich mit Rasierwasser vermischte. Dann spürte ich seine Lippen in dieser Dunkelheit und hätte gerne mehr von den Küssen gehabt.

Nach dem Film wurde es hell. Das Licht wurde wieder angeschaltet, sodass wir erst einmal damit aufhörten. Blitzschnell verabschiedeten wir uns, denn es war schon spät. Sicher würden wir uns bald schon wieder über den Weg laufen.

Wir waren jung und spürten noch diese Abenteuerlust, in fremde Gefühle vorzudringen. Ich wollte etwas entdecken, was ich noch nicht kannte.

Nach Tagen voller Sehnsucht trafen wir uns wieder. Walter hatte sich ein Kofferradio gekauft. Das war wirklich eine Rarität zu DDR-Zeiten. Mit seiner freien Hand tastete er sich und nahm mich an seine Hand. Hände haltend gingen wir spazieren, redeten, küssten und lachten. Ich liebte seinen Geruch, seine Augen, seine Musik, und später seinen Körper. Mein Herz pochte.

Irgendwann wollten wir beide mehr und gingen an einem Waldweg entlang. Fichten umzingelten uns, wie auch die Geräusche des Waldes an diesem späten Abend. Wir kletterten über Baumstümpfe und krochen durch Gebüsche, bis wir uns sicher fühlten.

Danach erzählte er mir, dass er leidenschaftlich gerne Gitarre spielen würde.

Die Klänge und seine Stimme erinnerten mich an die Beatles. Sogar die Haare hatte Walter sich so wachsen lassen.

Und zu dieser Zeit, es war ja DDR-Zeit, und die des Verbotes, da war es etwas ganz besonders.

Bereits während dieser ungewissen Zukunft war er sich nicht mehr ganz sicher, was er hier eigentlich noch wollte. Sollte ihn seine Gitarre auf eine Bühne führen und als

Beatle mit berühmter Musik auftreten lassen? Berühmt werden?
Wir liebten uns, und so wie die Polarlichter tanzen, so tanzten wir unseren Liebestanz.
Seine feine und doch verführerische Spielart riss mich mit in seine Träume.
Es war nicht unser erstes Mal, aber genauso schön.

Nun kam wieder die kalte Jahreszeit.
Wieder fiel mir ein Spruch ein, der so wunderbar hineinpasst.

„Die Kunst zu leben und zu lieben
ist auch – im Regen zu tanzen.
Man muss nicht immer erst auf die
Sonne warten."

Der Sonne und dem Regen folgte der Schnee.
Eisige Kälte war inzwischen. Die Schneeberge türmten sich auf, und Walter stand mittlerweile mit seiner Gitarre auf der Bühne des Dorfes.
Da waren die Frauen und Mädchen, die auch noch nach ihm schauten und ihm zulächelten. Ich war oft eifersüchtig und tat so, als wäre er nur für mich auf dieser Welt.
Aber gut zu wissen, denn nicht jeder mochte einen Beatle.
Obwohl ja niemand eines anderen sein Eigentum sein wird.

Endlose Zeit verbrachten wir miteinander.
Doch im Wald und der Wartehalle war es in dieser kalten Zeit nicht gerade angenehm. Wir tasteten uns in die Wärme seines Zimmers.

Weit oben, dort unterm Dach schauten wir hinaus in die Weite. Bis hinüber zur anderen Seite Deutschlands. Es hörte sich fast lustig an, beobachteten wir von nun an öfters diese scheinbar freiere Welt.

„Du bist sehr schön, ich liebe dich", flüsterte er in der Stille.

Wir zogen unsere warme Kleidung wieder drüber, schauten noch einmal in das andere Deutschland, während wahrscheinlich jeder an sein Verlangen dachte. Walter konnte sich nicht satt genug schauen. Er schien so unerreichbar zu sein, dieser selbe und doch andere Himmel, mit dem darunter ragenden Grün und der Straße, die man erkennen konnte.

Dann gingen wir wieder die Holztreppe nach unten und verabschiedeten uns.

Die Kälte da draußen klirrte noch lange nach.

Eisblumen hatten sich an den Fenstern, den Glasscheiben niedergesetzt. Sie klammerten und hielten sich fest.

Es war nicht der erste kalte Winter in unserem Dorf.

Der viele Schnee herrschte des Öfteren und wollte absolut nicht aufhören, sich über die Weite des Ortes zu legen.

Bis er so weit in die Höhe ragte und kein Auto, es gab ja eh nicht viele davon in der DDR, hin- oder hinausfahren konnte.

Zur herannahenden Geburt einer Frau musste ein mächtiges Armeefahrzeug herbeigerufen werden. An der Straßenkreuzung wurde diese werdende Mutter abgeholt und zum Grenzgebiet hinausgefahren.

Ich lief alleine den Weg hinunter, dort auf der anderen Seite wieder hoch, den Weg zu meinem Zuhause.

Er hätte mit mir gehen sollen. Mich an die Hand nehmen und mich mit seinen warmen Küssen bekleiden sollen. Das waren meine Gedanken, als mir doch etwas kalt war. Aber er tat es nicht.

War es wirklich Liebe? Ich wusste es noch nicht ganz genau, weil er manchmal so sehr in sich ging.

Endlich löste sich langsam die Schneedecke. Der Rest verschwand nach einiger Zeit in der Erde.

Bis dann wieder ein neuer Frühling in unser Dorf einzog. Eine schöne Zeit mit den Frühlingsboten und den Farben der Jahreszeit.

Was wird sein in Wochen, Monaten oder gar Jahren, ging mir durch meinen scheinbar verliebten Kopf. Aber das wollte ich nicht wirklich wissen. Nur das Hier und Jetzt zählte für mich.

Als ich Walter mehrere Tage nicht sah, stieg ich auf mein erstes neues Fahrrad und machte mich auf den Weg.

Fuhr die wenigen Straßen entlang, bis zu dem Haus, in dem er wohnte. Ich klingelte, klopfte und rief nach ihm. Es wurde mir nicht geöffnet. Wo waren sie alle, seine Familie – Vater, Mutter, Brüder und er selbst?

Ich fuhr wieder zurück, und später dasselbe Schauspiel noch einmal.

Komisch, dachte ich.

Am nächsten Tag, es war ein Samstag, schaute Walter oben aus dem kleinen Fenster unterm Dach. Sein Blick führte wieder hinüber auf die andere Seite.

„Wo warst du?", fragte ich ihn.

Sein Vater musste plötzlich in das Krankenhaus. Es ginge ihm sehr schlecht. Sie waren alle dort, um bei ihm zu sein.

Am nächsten Tag dann noch einmal.

Er hatte kein Auto, auch nicht in der Nachbarschaft, und man musste außerdem in jener Zeit in der DDR 10 bis 15 Jahre auf ein bestelltes warten. Mit dem Bus konnte man dorthin fahren. Es dauerte dann mehrere Stunden, und vielleicht auch bis zum Abend, ehe man wieder nach Hause kam. Es war dann ein kurzer Krankenhausaufenthalt. Sein Vater starb dort. Walter trauerte sehr. Seine Sehnsucht vermischte sich mit all seinen Gefühlen. Seine Seele sehnte sich nach etwas anderem. Es war diese unendliche Freiheit hinterm Zaun, die er leben wollte.

***

Ein wunderschöner Sommer folgte.

Ich fühlte mich geliebt und frei genug für uns beide.

Er fühlte sich zwar gut, wenn wir uns lieben konnten, aber dennoch nicht frei genug. Das und noch viel mehr sagte Walter in dieser Zeit zu mir.

Ja, und da kam er den steilen Weg herauf, es war die Abkürzung, damit man nicht um das halbe Dorf laufen musste.

Sein männlicher Duft, der mir schon wohlbekannt war, verbreitete sich in meinem Zimmer, noch bevor wir uns küssten.

Wie ferngesteuerte Roboter liefen wir und setzten uns langsam auf mein Bett. Er trug eine Beathose an jenem

Tag. Zu dieser Zeit voll im Trend. Dann kamen die Cordhosen in Mode, und natürlich die langen Haare.

Wir mussten uns nicht länger verstecken in der Wartehalle und unseren Zimmern. Jeder Einzelne im Dorf hatte mittlerweile bemerkt, dass wir eine Beziehung hatten. Wir gingen eben zusammen. Obwohl es auch etwas Geheimnisvolles und Romantisches hatte, das Heimliche. „Schau mich an", sagte Walter zu mir. „Ich muss mit dir reden, Berta." Ich sah in seine Augen. Was wollte er mir sagen? Gerade jetzt.

Als er anfing zu sprechen, strahlten sie noch, meine erwartungsvollen, voller Sehnsucht beinhaltenden Augen. Aber dann tat ich mir schwer, weil Angst über mich kam. Ich hörte das Bächlein hinterm Haus. Das Fenster war ja weit geöffnet. Ich konnte nur erahnen, was er mir erzählen wollte.

Ich will in diesem Augenblick nicht denken und traurig sein müssen, nein, nur lieben und dich fühlen. Dann flüsterte ich nur noch.

Es war schon dunkel geworden. Die Sterne beobachteten uns. Oder wir sie?

***

Nun redete er doch wie aus einem Buch, sehr lange.

„Warum lässt man sich eigentlich vom richtigen Weg abbringen? Oder muss man erst einen falschen gehen, damit man herausfinden kann, welcher der Richtige ist? Vielleicht ist es aber auch die Angst, die einen daran hindert, selbst etwas zu ändern. Warum gibt man dem Staat die Chance, mit den Herzen der Menschen zu spielen? Dadurch lässt man sich doch eigentlich alles nehmen. Ich möchte fremde Meere und Länder sehen, sie bereisen und kennenlernen, um mich später daran zu erfreuen, wenn ich zurückdenke. Dieses Abenteuer, ich glaube, das brauche ich."

Das Gespräch wollte kaum enden. Ohne Luft zu holen, ging es immer so weiter, bis ich ihn stoppte.

„Halt! Moment! Walter, heißt das, du möchtest mir damit erklären fortzugehen?"

Ich wusste dann gar nichts weiter zu sagen. Wusste noch nicht einmal, was ich als Nächstes tun sollte. In mir war plötzlich eine Leere wie noch nie zuvor.

Danach dachte ich, dieser Mann, den ich eben noch geliebt hatte, er wäre mir wieder so fremd geworden. Hatte ich ihn doch nicht so gut gekannt? Ich glaubte das nicht. Aber eines wusste ich. Meine Liebe zu Walter, sie war echt.

„Wenn du fortgehst, wird es verlorene Zeit sein, weil keiner von uns weiß, wann wir uns wiedersehen."

„Das mag sein, Berta. Ich werde meinen Weg gehen. Dort hinüber in die Freiheit. Du bist meine Liebe, du wirst meine Frau, und wir werden Kinder haben, das versprech ich dir."

Bis dahin hatte ich gedacht, er käme in Gedanken zurück in seinen Geburtsort. Es war ein Irrtum.

Es wäre nicht einfach gewesen, mit einem solchen Mann zusammenzuleben, hätte ich ihm seine Träume ausreden wollen.

Aber wie um Gottes willen wollte er das schaffen, bei diesem angsteinflößenden hohen Zaun? Würde er es überhaupt bewältigen, so dünn wie er war?

Die Frage war da noch – wann würde er es tun?

Unser kleines Dorf wirkte wie eine winzige Insel im Mittelmeer.

Er würde nicht ertrinken, wenn er abwarten würde, auch nicht erfrieren, bis alles Wasser versiegt ist, getrocknet in der Sommerhitze. Aber das war nur ein flüchtiger Gedanke. Von mir.

Es war noch nicht allzu lange her, da wurde der Rolf, ein Verwandter von mir, auf dem Rückweg geschnappt. Man muss bedenken, dass er es schon geschafft hatte. Er war auf westdeutschem Boden. Aber nein, er wollte wieder zurück zur Mutter, an der er so hing. Da war es geschehen, und Rolf war nun ein Grenzverletzer. Er landete im Gefängnis. Erst nach Jahren konnte er wieder nach Hause, ehe er seine Mutter wieder in die Arme nehmen konnte.

Ein anderer Mann vom Ort wollte über den Zaun klettern, trat auf eine Mine, und die zerfetzte ihm das Bein. Krankenhaus, Intensivstation. Gefängnis.

Den gleichen gefährlichen Weg konnte Walter also gar nicht gehen.

Er würde mir nichts erzählen, wann und wie er das umsetzen wollte. Außerdem – Mitwisser mussten sicher ebenfalls mit einer Strafe rechnen. Dessen war er sich bewusst. Es wäre als Beihilfe ausgelegt worden.

Gräber sind ja stumm. Als Walter genug geredet hatte, wurde er still wie ein Grab. Diese Erde der Gräber ist getränkt von den Überresten der Menschen, dem Leid, den Erinnerungen. Und deren Namen auf jedem einzelnen Stein sagt uns genau, was einmal geschah.

Ich wollte nicht hoffen, dass ich eines Tages zu der Erde

laufen muss mit einem Stein und der Aufschrift „Walter". Anschauen, weinen und trauern muss.

Er nannte mir keinen Tag, keine Stunde, denn die Zeit wäre einfach da, an der ich nur noch an unsere Liebe zurückdenken würde. Er sagte zu mir, dass er mich nachholt.

Die Sonne brannte heiß und trocknete die Felder und Bächlein aus. An jenem letzten Abend, ich ahnte es nur, war alles so fremd. Ein anderer Geruch lag in der Luft, und als wäre es das erste oder letzte Mal, dass wir uns liebten. Wieder fühlte ich diese Schmetterlinge. Als wollten sie mit Walter fortfliegen. Zum Himmel empor, ihn begleiten, was immer er auch geplant hatte.

Ich hielt ihn noch einmal fest, aber nur für diesen Augenblick, weil ich fühlte und wusste, dass er nicht mein Eigentum war.

Gemeinsam spielten wir mit uns, erkundeten noch einmal jede Körperstelle. Unser Verlangen nach mehr ging bis tief in diese Nacht, bis ich neben meinem Geliebten eingeschlafen war.

Als ich am frühen Morgen erwachte, war er nicht mehr neben mir. Zunächst glaubte ich, er wäre nach unten zur Küche, um etwas zu trinken zu holen. Das tat er oft, wenn wir länger da oben verbrachten. Ich schaute nach. Es war niemand wach von seiner Familie. Die Mutter und die Brüder schliefen noch. Ich verhielt mich ganz still.

Walter war nun fortgegangen, dessen war ich mir damals sicher.

Dann ging ich nach Hause. In diesem Moment war die

Verletzung groß. Tief in meinem Herzen grub sich ein Loch.

Doch musste ich mir aber auch eingestehen, dass er stets für mich da war. Er hatte mich nicht alleine lassen wollen und folgte nun dem Wunsch seiner Seele.

***

Ich hatte keine Ahnung, wo er hingehen wollte. Dennoch war er der Mann, den ich liebte.

Walter hatte einmal gesagt, dass dieses Dorf, in dem er geboren ist, ihm sehr gefällt. Aber darin wie ein Gefangener zu leben, diese Schönheit ringsherum nicht nutzen zu können, wäre nicht seiner Vorstellung entsprechend. Nur Kneipen zu sehen, das könnte doch nicht alles sein. Wie viel Alkohol soll er trinken, um halbwegs inmitten dieser Idylle leben zu können.

Ich dachte noch lange darüber nach. Wollte am liebsten sofort zu ihm eilen. Aber wie?

Er hatte recht.

Das Leben ist wirklich ein Frage-und-Antwort-Spiel.

Ich verstand seine Wut und die Ohnmacht sehr wohl.

So viele Menschen und Beziehungen wurden auch hier durch den Alkohol zerstört und kaputt gemacht.

Die meisten konnten sich nicht weiterentwickeln und irgendwann war es vorbei, mit der Liebe und manchmal auch mit dem Leben.

Nun war ich es, die sich einsam fühlte, ohne meine Liebe zu Walter.

Ich war für diesen Abend allein, auch die nächsten Tage, Wochen und Monate.

***

Ja, nun erzählte man im Dorf, dass der Walter über die Grenze sei. Es wäre den meisten ein Rätsel, wie er das geschafft hätte.

Seine Mutter weinte, seine Brüder waren wütend, weil sie nun loslassen mussten. Wer weiß, wann sie ihn wiedersehen würden.

Meine Tränen liefen die Kehle hinunter.

Er hatte mir erzählt, aber nicht erklären können, was aus uns wird.

Dann vermutete man, dass er durch ein vertrocknetes Rohr, wo kurz zuvor noch Wasser hindurchlief, geflohen wäre. Abgehauen, sagte man damals.

Er hätte es geschafft, sagte mir seine Mutter. Kein Gefängnis, sondern Freiheit.

Unzählige Steine und Erde wurden damals vor dieses Rohr aus Beton aufgetürmt und es zugeschüttet. Und gerade weil er so dünn war, konnte er es tatsächlich schaffen und dort durchkriechen. Toll, oder?

Wir hatten uns oft geliebt, und doch war unsere Zeit viel zu kurz.

Seine Beatle-Zeit konnte ich nicht weiter mit ihm in der DDR verbringen. Sie wurde für einige Monate unterbrochen, denn seine Gitarre klang nun im Westen. Die alten Klänge lagen mir noch lange in den Ohren.

Wochen später, nachdem er fortgegangen war, schaute

ich hinüber. Der Zaun und der Schlagbaum, alles war an diesem Tag gut überschaubar. Ein Nebelschweif überragte die Weite. Menschen standen dort, mit ihren Autos, die aus dieser Ferne wie Spielzeuge aussahen. Arme und Hände wedelten mir zu, und schon öfters, als wir früher hinschauten, nahmen wir Winken wahr, unsere Dorfbewohner.

War das etwa Walter? Das sahen auch meine Eltern. Ich schrie nach ihm, und zurück kamen Rufe, die ich nicht verstand.
Auch die Straße war gut sichtbar.
Es machte sich ein Verlangen in mir breit.

Musste mich dann selbst ermahnen und Geduld üben. So manche Perlen rollten über meine Wangen.

Wieder Wochen später ging ich auf die andere Seite des Dorfes, dorthin, wo seine Familie wohnt. Sie freuten sich sehr, mich zu sehen. Da ich sie ein bisschen mit meinem Dasein auch an Walter erinnerte, wie sie auch mich. Nun weinte seine Mutter nicht mehr. Wir umarmten uns, waren einfach füreinander da.
„Komm, lass uns nach oben gehen, bis unter das Dach", sagte sie.

Es war ein herrlicher, sonniger und klarer Tag. Die Sicht war einzigartig.
Sie gab mir ein Fernglas, das noch im Keller gefunden wurde, von ihrem verstorbenen Mann.
Ich nahm es in meine Hände, stellte es ein, schaute

hindurch, genau dort hinüber, wie ich es mit Walter immer ohne dieses gefundene Stück getan hatte.

Da stand ein Mann auf der Straße, im anderen Teil Deutschlands, und machte mit einer Hand Bewegungen. „Schau richtig hin", sagte die Mama. „Es ist Walter." Sie hatten Zeilen von ihm erhalten, in denen genau beschrieben war, was sich alles zugetragen hatte, und dass er von der anderen Seite, eben da, wo er stand, uns sehen würde. Das Haus, einen Teil seines Dorfes, das Winken vom Fenster. Seine Familie hatte doch schon des Öfteren Ausschau gehalten.

Ich staunte und wedelte mit meinen Armen.

Das dort war ein Fleckchen Westen, und ich stand noch ein bisschen in der DDR.

Plötzlich hatte ich aber auch Angst. Man hatte mir erzählt, dass wir beobachtet werden würden.

Bei verschiedenen Handlungen und Verstößen würde man uns auch wegsperren, sollte es notwendig sein.

Ich wollte nicht in ein Gefängnis. Fühlte mich doch schon beobachtet, und das nicht unbegründet.

Dann schauten wir hinunter, in die Häuserreihe dieser Straße. Ein Mann hob seinen Blick zu uns nach oben. Er schien uns wirklich beobachtet zu haben.

Oder war es vielleicht diese Angst, mit der Verzweiflung, sogar Sehnsucht vermischt?

Aber nein, wir irrten uns nicht. Später erfuhren wir, als wir ein Deutschland sein durften, dass dieser nun schon alte Mann einmal ein Stasi-Mitarbeiter war.

Sie lebten mit und unter uns.

In seinem Brief beschrieb Walter noch einmal seiner Mutter, dass er durch dieses vertrocknete Betonrohr gekrochen wäre. Es war kalt, eng, und doch hielt ihn nichts mehr auf. Er sah Licht am anderen Ende. Dann wusste er, bald aus dieser Enge herauszukommen. Er wollte die Familie und mich nicht gefährden mit dieser überraschenden Flucht in den Westen.

Aber, und das würde gewiss noch kommen, es würden Männer der Staatssicherheit auftauchen. Auch zu Berta, schrieb er weiter in seinem Brief. Er hätte Republikflucht begangen, und wenn ich zu ihm möchte, soll ich doch einen Ausreiseantrag stellen. Er würde mich lieben.

Als ich den Brief damals zu Ende gelesen hatte, wusste ich etwas mehr. Ich konnte es dennoch kaum fassen.

Ich lief nach Hause und erzählte meinen Eltern davon. Sichtlich waren sie erschrocken, dass ich dort bei der Mutter von Walter gewesen war. Sie wollten nicht, dass ich auch noch fortgehe. Nein, auf keinen Fall soll ich mich in Gefahr bringen. Ich wäre doch das einzige Mädchen, das sie hätten. Natürlich hatte ich noch einen Bruder. Aber das war nicht dasselbe.

Mein Vater ging hinaus und ein Stück des Weges, quer über das weite Land, so weit man eben laufen durfte.

Vor unserem Haus war eine große Wiese, dahinter Feld, auf dem sich die Bauern vom Dorf Kartoffeln und Rüben anbauten. Unmittelbar dort blieb er stehen.

Ich lief ihm nach. Wusste aber auch, was er bezwecken wollte. Denn ein Stück weiter konnte man doch diese Straße vom Westen sehen. Hier standen zwar ein paar Bäume, ein kleines Wäldchen und Büsche dazwischen. Doch was er auch im Auge behalten wollte, würde er Walter sehen, wenn er in diese Weite schaute, würde er ihm zurufen, mich, seine einzige Tochter, in Ruhe zu lassen. Bleib dort und suche dir eine andere, würde er über dieses Land schreien.

Mein Vater schrie los, und das, obwohl gar niemand zu sehen war. Ich schaute ihn an und sah seine Tränen.

Er wollte mich nicht verlieren, strich mir über mein welliges Haar. Ich war nicht mehr klein, aber doch noch sein Baby, sein Kind.

Papa nahm mich an seine Hand, und wir liefen gemeinsam nach Hause. Mama verstand mich, sollte ich einmal zu Walter wollen.

Mehrmals wurde ich auf der Straße angesprochen, in den vielen Tagen und Wochen, aus denen Monate wurden.

Was nun mit Walter wäre? Willst du etwa auch abhauen?, fragten Verwandte und Schulkameraden.

Oh ja, das würde ich tun. Aber vielleicht geht es auch anders, flüsterte ich und lief weiter.

Man musste wirklich vorsichtig sein mit dem, was man erzählte. Vor allem wem.

Die nächsten Tage ließ ich erst einmal alles ruhen. Ich ging zum Tanz in den Dorfsaal, in die Wirtschaft, lief durch mein Heimatdorf – als würde ich bald gehen, genoss ich das alles in vollen Zügen. Aber beobachtet fühlte ich mich nun erst recht. Hier und dort auffällige Augen und bedrängende Gespräche. Nun konnte es keine Einbildung mehr sein. Das war doch die Wirklichkeit.

***

Tage vor dem 1. Mai kamen zwei Männer mit einem Auto zu uns nach Hause. Sie müssen sich mit mir unterhalten, begann ihr Gespräch. Sie sprachen von Walter, dem sie ja nichts mehr tun konnten, aber mich könnten sie sehr wohl einsperren, wenn ich zu keiner vernünftigen Entscheidung zu diesem Sachverhalt kommen würde. Entweder würden sie mich wegen Beihilfe der Republikflucht einsperren oder eine andere Lösung finden. Stunden fanden Fragen und Drohungen statt. Einschüchterung und Beleidigungen waren inbegriffen. Zwei Tage später holte man mich ab zu einem nächsten Verhör. Da ich ihnen nichts weiter erzählen konnte, ließen sie mich dann doch gehen, mit der Andeutung, dass ich einen Ausreiseantrag stellen soll.

Das hatte ja auch schon Walter im Brief erwähnt, weil er zu diesem Zeitpunkt schon wusste, dass es die beste Lösung sein wird. Am nächsten Tag standen diese Männer wieder vor unserem Haus. Ich war geschockt und doch froh, so vielleicht endlich zu Walter zu können. Noch einmal ein Frage-und-Antwort-Spiel. Dann das Blatt, das sie mir vor Augen legten. Sie hatten den Antrag schon mitgebracht. „Wir holen Sie nicht noch einmal zu einem Verhör ab, da Sie sich sofort entscheiden werden. Da der 1. Mai vor der Türe steht, werden Sie uns jetzt mitteilen, zu welcher Entscheidung Sie gekommen sind." Angst vor so einem Tag hatte ich schon lange, und doch war ich voller Erleichterung.

Leute wie mich wollten sie nicht mehr in der DDR. Sie wären eine Gefahr. Welche Gefahr?, dachte ich. Ich erzählte denen meine kleine Geschichte, und dass Walter meine große Liebe wäre. Dann unterschrieb ich den Ausreiseantrag. Ich wurde ruhiger, mein Herz war erleichtert, und der Abschied nahte. „Sie haben in unserem System nichts mehr zu suchen, also packen Sie Ihren Koffer und wir holen Sie in ein paar Stunden hier ab. Berta, wir sind uns sicher, dass man hier in unserer DDR niemanden wie Sie noch länger duldet", wiederholten sie sich. Das war deutlich genug.

Ich war sichtlich enttäuscht wegen des rauen Tones, der Frechheiten und Unterstellungen.

Waren das die Männer und andere vom Ort, die mich beobachteten, die später in den Stasi-Unterlagen wieder auftauchten mit verdeckten Namen wie „Wolf" und anderen Decknamen?

Aber das, was mir geschah, stellte ich in dieser Zeit nicht länger in den Vordergrund. Nun wusste ich, dass mir die Beziehung mit Walter am wichtigsten war.

Meine Eltern weinten, mein kleiner Bruder sagte zu mir: „Ich werde dich mal besuchen." Aber wann und wie?, dachte ich im Stillen.

Es war eine Situation, die längst schon inmitten meines Lebens verweilte.

Dann stand erneut und zum letzten Mal in der Nacht zum 30. April dieses Auto vor der Türe. Die Männer waren wieder gekommen, so wie sie mir schon angekündigt hatten. Um mich zum Dorf hinauszufahren, meinten sie in einem strengen Ton. Bis zum Zug, der hinüberfahren würde. Sie gaben mir Papiere in die Hand, zum Zweck der Kontrolle, die man verstärkt durchführte.

Wie schon so viele andere Menschen vor mir bei Nacht und Nebel abgeholt wurden, so geschah es auch mir. Ich nahm meinen Koffer, steckte die Papiere in die Handtasche und stieg in den Zug.

Zum ersten Mal fuhr ich in eine mir fremde Welt, unbekannt und doch voller Freude in mir.

Ich hatte noch den wunderbaren Geruch der Westpakete in der Nase, sah die herrlichen Sachen, die in den Paketen lagen, vor mir, und meine Gedanken vermittelten mir immer wieder „Westen". Die Kleidung, den Kaffee, duftende Deos, und die Schokolade natürlich – schickte uns die Schwester meiner Mutter.

Meine Tante blieb 1958 drüben. Sie lernte dort ihren heutigen Mann kennen und bekam Kinder mit ihm. So führte für sie kein Weg, keine Sehnsucht mehr zurück in ihr Heimatdorf.

Während der Fahrt dachte ich an den morgigen Tag, an dem ich mitmarschiert wäre, an die Mai-Nelke und die fünf Mark. Anschließend wäre ich zum Maitanz gegangen. Vielleicht hätte ich ja noch einen wunderbaren 1. Mai gehabt in der DDR.

Das wird nie mehr so sein, dessen war ich mir in diesem und anderen Momenten sicher. Und war das nicht doch alles ein bisschen übertrieben, dieses ganze Getue und Drumherum in der DDR?

Ich hatte das Spiel mitgespielt, doch nun wollte ich ein anderes spielen.

Das Einzige, was farbig ausgesehen hätte an diesem Maitag, wäre die rote Nelke gewesen. Die Zeit und das, was übrig geblieben wäre, hätte nur noch grau und schwarz ausgesehen, mit einer mich durchdringenden Traurigkeit, hätte ich mich für einen anderen Weg entschieden.

Wahrscheinlich hätte ich noch in eine Zelle des Gefängnisses einziehen müssen. Absitzen oder Abhauen.

Die Wahl lag bei mir. Obwohl ich es nicht so bezeichnen würde. Ich bin ja schließlich nach Aufforderung gegangen. Weil man bestimmt mit solchen Menschen nicht mehr in Frieden hätten leben können.

Menschen, die einen bespitzeln, vielleicht noch die eigenen Tanten und Onkel. Gefängnisse, in denen man Männer und Frauen sperrte, die es nicht über die Grenze geschafft hatten. Welche, die im betrunkenen Zustand sich äußerten, dass sie abhauen, holte man in derselben Nacht noch ab.

Familien, die sich nicht anpassten an dieses System, wie man dazu sagte, holte man mit einem Umzugsauto an der eigenen Haustüre ab. Deren Kinder aus der Schule verwiesen wurden wegen ein paar Strumpfhosen. Sie waren doch aus dem Westen. Ich erinnerte mich, dass eine Schulkameradin welche in der Schule verteilte, weil bei uns in der DDR Strumpfwaren mindestens fünfmal so teuer waren. Das konnte sich kaum jemand leisten.

Als ich mir die erste kaufen durfte, musste meine Mutter

14 Mark bezahlen in unserem Staat. Das hätte sechs Stück Butter gegeben, die wirklich wichtiger gewesen wären für unsere Familie. Ich zog sie zur Schule an, ich meine, ich müsste 14 gewesen sein. Ich war stolz, und die schönen Beine, die man darin vorzeigen konnte. Es war Unterrichtsschluss, ich lief die Straße hinunter, auf dem Nachhauseweg, und stolperte. Da lag ich so lang ich war, war auf die Knie gestürzt. Strumpfhose kaputt, Knie blutig. Ich weinte, traute mich nicht nach Hause und drückte mich bis zum Abend im Dorf rum.

Der Zug hielt an, noch ein großes Stück vor der Grenze.

Ein Grenzsoldat der DDR und ein anderer Mann stiegen in den Zug, öffneten das Abteil und wollten die Papiere kontrollieren. Das Aussehen eines Soldaten war mir nicht neu, denn in meinem Heimatort gab es eine Grenzkompanie mit vielen Wehrpflichtigen. Wenn sie Ausgang hatten, trafen wir die Grenzer in und vor den Kneipen an.

Dennoch war diese Situation eben hier und jetzt auch ein bisschen eigenartig.

Sie rissen mir alles, was ich hielt, aus der Hand, zerrten noch, musterten mich sehr genau und liefen weiter.

Dann merkte ich, und gerade noch rechtzeitig, dass mir doch gar keine Formalitäten zurückgereicht wurden. Ob diese Sachen nicht mehr von mir gebraucht würden? Ich wusste es leider nicht.

Lief ihnen hinterher, wollte mit denen reden, hatte aber auch Angst.

„Setzen Sie sich sofort wieder auf Ihren Platz zurück", schrie der in Zivil.

Erschrocken und noch einmal in einer beängstigenden Phase lief ich ganz schnell an meinen Sitzplatz.

„Meine Papiere, was ist damit?", sagte ich in einem sehr leisen Ton.

Der Soldat hatte vergessen, sie mir wieder zurückzugeben. Er entschuldigte sich bei mir. Dabei sah er so supernett aus. Er konnte ja auch nichts dafür in der jeweiligen Zeit.

Und doch wurden so manche Menschen wie Verbrecher behandelt.

Wegen einer Welt, die eigentlich keinem gehört.

Wir sollten sie bewohnen und glücklich sein können, dass es sie und uns gibt.

Dann rollte der Zug weiter. Nichts war mehr zu sehen vom Osten und dem, was einmal geschah. Nur die Erinnerung, der Schmerz im Herzen und die Bilder im Gedächtnis waren existent.

Ich fuhr Stunden durch diese neue Welt. Man konnte es wirklich so nennen in der Situation. Wieder hielt das nun eher beruhigende Fahrzeug an. Der Zug war ja auch meine Hoffnung, endlich zu meiner Liebe zu kommen. Endstation für mich, für diesen Tag. Ich sammelte das bisschen Gepäck ein und vergewisserte mich, nichts vergessen zu haben. Ich erinnerte mich nämlich an ein Gespräch mit einer Schulkameradin. Sie erzählte mir von einer Zugfahrt Richtung Ostsee. Sie hatte sich eine neue Reisetasche gekauft, neue Klamotten und Bikini schicken lassen aus den damaligen Versand-Häusern, die auch Kataloge an die Haushalte verschickten. Es war wenigstens ein kleiner Trost, sich etwas Schickes und Modernes schicken zu lassen. Es war ein Mode-Katalog aus Leipzig und Karl-Marx-Stadt. Ich selbst bekam ein tolles verführerisches

Flatterhemd mit Slip, so nannte man es in der DDR. Es war das erste Weihnachtsgeschenk von Walter. Die Schulkameradin war so sehr abgelenkt, dass sie beim Aussteigen diese Tasche vergessen hatte. Sie stand am Bahnsteig, der Zug rollte sachte weiter, da kam sie endlich zur Besinnung. Der Finder hatte sich bestimmt gefreut, sagte sie lächelnd zu mir.

***

Als ich nun selbst dort drüben am Bahnhof ausstieg, sah ich schon von weitem einen dürren, langhaarigen Mann. Es musste Walter sein.

Ich hatte mich zu Hause noch schnell mit seiner Mutter verständigt. Bei ihr in der Straße hatte jemand ein Telefon, was auch selten war, da nicht jeder so einen Apparat bekam. Sie telefonierte mit ihrem Sohn und erzählte in Kürze, was sich alles zugetragen hatte. Deshalb erwartete er mich damals auch.

Ich hatte große Sehnsucht nach ihm. Wir hielten uns fest, lagen uns in den Armen, küssten uns, schauten einander an.

Ich benetzte ihn mit Freudentränen. Flüsterte ihm meine Sehnsucht zu. Schließlich war ja eine lange Zeit vergangen seit unserem letzten Date in seinem Zimmer.

Auf dem Weg unterhielten wir uns.

Er hatte dort Arbeit bekommen, spielte in einer kleinen Band und wohnte nun in einer hellen, schönen Wohnung mit riesigen Fenstern.

Ein gemütliches Zuhause, in dem er auch noch für mich einen Platz fand.

Hand in Hand liefen wir. Er küsste mich unentwegt. Walter trug meinen DDR-Koffer. Ich schämte mich mit den eher doch unmodernen Klamotten und der alten Handtasche, die mir Mama mitgegeben hatte.

Er trug eine super Jeans, Jeansjacke, T-Shirt und Adidas-Schuhe.

Wäre ich nicht schon lange verliebt, hätte ich mich ganz sicher in diesem einen Moment verknallt.

***

Und was sollte nun aus mir werden?

Das war alles so neu.

„Schau her", sagte Walter. „Geschäfte, Märkte, Reisebüros. Die Welt steht uns offen. Ist das nicht toll?"

Die Dunkelheit nahte. Wir küssten und liebten uns, als würden wir das erste Mal zusammen sein. Es war auch wirklich wie ein Neubeginn. Unseren Gefühlen ließen wir freien Lauf. Unsere Seelen hatten wir genährt.

Als hätte ich einen neuen Mann, eine neue Liebe gefunden. Dabei kannten wir uns doch schon einmal.

Dann war Wochenende, und Walter sollte mit seinen Jungs Musik machen. Tanzmusik, eventuell auch mal etwas von den Beatles und den Bee Gees spielen, auf seiner neuen Gitarre.

Das war auch neu für mich. Noch nie hatte ich in einer Nachtbar meine Zeit verbracht. Es waren viele junge Leute da, auch Frauen. Meine Eifersucht kam wieder so schleichend durch. Es wäre jedoch kein Anlass hierfür da gewesen.

Außerdem, und das sollte ich niemals vergessen, Walter war noch nie mein Eigentum. Weder in der DDR noch hier, jetzt und auch später im Westen nicht. Wir waren junge verliebte Menschen. Weiter nichts.

In den Spielpausen setzte er sich zu mir an den Tisch und gab mir stets einen Kuss. Sie schmeckten nach Liebe und mehr.

Wir machten Pläne, dass wir Länder bereisen, das Meeresrauschen hören könnten, uns im Sand eingraben, und dass wir auch Kinder wollten. Das war plötzlich sehr viel. Wir hatten aber auch Monate übersprungen. Ich im Osten, er im Westen. Jetzt aber würden wir einfach dort weitermachen, wo wir einmal aufgehört hatten in der DDR Das war einfach gesagt und gedacht. Walter war das Leben nun doch schon etwas vertrauter.

Für mich war es nicht einfach gewesen, die Vergangenheit ruhen zu lassen, zwischen hier und jetzt zu wandeln.

Hatten uns vielleicht auch viel erspart damit, nicht irgendwann zu streiten und betrunken durch unser Dorf zu taumeln. Vielleicht wären wir bereits getrennt, wenn der Weg zu steinig geworden wäre in dieser alkoholgetränkten, eingeschlossenen Welt. Eigentlich kann man nicht Welt dazu sagen. Wir hatten doch nur einen kleinen Teil, einen Krümel bewohnen können.

Die Leere dazwischen war mit dem Sichtfenster nach drüben und der Stasi gefüllt gewesen, den Menschen, die jeden Tag Fragen stellten und beobachteten.

Doch nun mussten wir auch hier Verantwortung übernehmen.

Wir hatten aber so viel Glück, wie Wassertropfen im Meer, und waren erfüllt mit unserer Liebe. Ich bekam so viele Küsse von Walter, wie es Sterne am Himmel gibt. Er küsste, wann und wo er auch nur konnte.

Ich arbeitete zunächst in einem Einkaufszentrum, damit wir immer gut abgesichert waren.

Nach unserem ersten Urlaub, unserer Reise in ein anderes Land, es war Griechenland, erfuhr ich, dass ich schwanger bin. Wir waren beide sehr glücklich und freuten uns über unser erstes Baby. Nach Monaten in unserer Musikwelt, die ich voll genießen konnte – denn auch ich liebe die Musik –, gebar ich unseren Sohn.

Walter war viel für uns da. Er hatte nicht nur ein Herz für mich, er liebte auch alles andere. Es war das, was sich ihm positiv zeigte und ihm damit Erfüllung gab.

Es dauerte nur zwei Jahre und ich war wieder schwanger. Walter wollte es so, und wie Magnete zogen wir uns an.

Dann war es wieder so weit und ich bekam noch einen Jungen.

Die Wohnung war nun zu eng. Wir kauften uns ein Haus mit einem Garten. Wunderbare, glückliche Jahre verbrachten wir dort mit unseren Kindern.

Oft dachte ich zurück an meine Kinderjahre, die ich mit meiner Familie in der DDR verbrachte. Jahrzehnte waren vergangen.

Ich ging wieder zur Arbeit.

Unsere Liebe wurde plötzlich so leer. Hatten wir etwa schon alles gelebt? Doch mir war, als würde noch etwas fehlen.

Immer weniger unternahmen wir gemeinsam. Was war geschehen?

Aber auch hier im Westen Deutschlands holte uns der Alltag ein.

Noch war meine Liebe stark, stark genug für uns beide.
Aber was war mit ihm? Er wurde mir wieder so fremd.
Schon einmal lebte ich dieses Spiel, als wir getrennt waren
zwischen zwei Welten. Ich noch ein Stück hinterm Zaun
und er winkend von der Straße der Freiheit.
Wir hatten uns doch einmal geliebt.
Es gab nicht mehr so viele Küsse wie Sterne dort oben.
Musste ihn erinnern.

***

Das Gestern ist Geschichte,
das Morgen ist ein Rätsel,
das Heute ist ein Geschenk.

***

Hatte er etwa eine andere Frau?
Walter versicherte mir – nein, es gibt keine andere.

So viele Jahre sind an uns vorübergezogen. Vielleicht bin
ich alt und müde geworden?, sagte er noch.

Die Kinder waren schon ihre eigenen Wege gegangen.
Mauern, Stacheldraht, Grenzzäune und die Stasi waren
längst nicht mehr existent.

Ich versetzte mich trotzdem noch einmal in diese ver-
wundbare Zeit. Es fuhren keine Jeeps mehr an der ostdeut-
schen Grenze entlang. Es gab keinen Wehrdienst mehr,
und in den Wäldern liefen keine Grenzer mehr mit ihren
Hunden und Gewehren.

Der Bundesgrenzschutz und der Zoll hatten sich an diesen Stellen aufgelöst, als wären sie nie da gewesen.

Es wurde keiner mehr erschossen, zerfetzt oder eingesperrt aus solchen Gründen, die heute noch auf dem Blatt Papier stehen. Die Akten der Stasi waren voll mit den traurigen Ereignissen. Sie sind es, was noch erinnert.

Walter musste ich auch erst wieder an diese Zeit erinnern. Er war es, der damals in eine andere Welt flüchten wollte. Ich fragte ihn einmal, ob er glücklich sei, und er konnte mir aber keine Antwort darauf geben.

Vielleicht war es ja nur eine Täuschung unseres Verlangens, unserer Sehnsucht. Warum kann man sich nie zufrieden zeigen und immer noch mehr wollen?

Das Haus war nun viel zu groß. Wir waren wieder zu zweit, und verkauften es. Zogen in eine kleine Wohnung, in der wir uns vielleicht wieder finden, wenn alles wieder überschaubar ist.

Dann musste ich aber erst einmal zurück in mein Heimatdorf, meine Eltern in die Arme nehmen, meinen Bruder, der nicht mehr klein war, sehen, denn ich hatte schon lange Sehnsucht.

Als ich dort vor dem Haus stand, das meiner Kindheit, dachte ich zurück an die vergangene Zeit, an damals auf der Seite, die sich DDR nannte. Ich fühlte mich plötzlich wieder als dieses DDR-Kind. Das alles ist doch nicht einfach so verschwunden.

Ich spürte in mir wieder Heimat und passte noch immer in diese Natur.

Die Häuser und Zimmer rochen nicht mehr nach Walter und mir. Wir liefen zur Straße und dem Haus, in dem Walter mich geliebt hatte. Stiegen gemeinsam diese Treppe nach oben, stellten uns an das Fenster, genau dorthin, wo er diese Sehnsucht spürte, in den Westen zu gehen. Ja, er war damals abgehauen, doch nun kann er hingehen und fahren, wo auch immer er möchte. Es braucht auch keiner mehr Jahre zu warten auf ein bestelltes Auto. Wir setzen uns einfach in unser Auto, in den Zug, ins Flugzeug und folgen unserem Traum.

Walter schaute mich an und erinnerte sich. Endlich gab er mir wieder diese Küsse, und wir liebten uns fast genauso wie damals. Er wollte es in diesem Moment der Erinnerung.
Wir blieben für eine Nacht an diesem Ort, an dem wir uns wieder jung fühlen durften.

Am Morgen schaute ich aus dem Fenster. Es hatte sich ein Nebelschweif über das alte urige Land gelegt. Wenn er vorbeigezogen ist, und sich aufgelöst hat, wird die Sonne wieder scheinen. Das ist bis heute so geblieben, auch wenn wir ein Deutschland geworden sind. Die Jahreszeiten sind doch noch immer, was sie einmal waren.

Plötzlich fühlte ich mich hin- und hergerissen.
Wollte wieder Heimat spüren.
Wie vielen Menschen wird es so oder ähnlich ergangen sein?

Die meisten sahen sich bestimmt nie wieder. Verliebte konnten ihre Liebe nie so leben, wie wir es dann tun konnten. Und man muss schon sagen – sein Wort hatte Walter gehalten. Er liebte mich, ich wurde seine Frau, wir bekamen Kinder, er war frei. Er fühlte Freiheit in seinem Herzen, wenn er hinaus in diese Welt, sie bereisen und atmen konnte.

Als man die Grenzen öffnete, suchten sich die Menschen, die sich aus den Augen verloren hatten. Menschenmassen schoben sich durch die Straßen, sprangen über Absperrungen, und die Trabis standen in einer großen, langen Autoschlange. Alles bewegte sich plötzlich. Auch in den Herzen der Menschen. Viele begannen nun erst nachzuholen, was sie versäumt hatten. Jetzt wollten die meisten Freiheit spüren. Die DDRler wollten genau wie Walter damals die Welt sehen. Nicht mehr auf einem Fleck stehen bleiben und nicht nur in drei Straßen und zwei Gassen laufen wollen. Auch nicht mehr trunken schlafen gehen, sondern Liebe leben. Nicht nur den kleinen Teich am Ende des Dorfes, sondern das gigantische große Meer bewundern können.

Wieder sah ich diesen Nebelschweif über das Dorf kriechen. Viel zu breit. Man konnte gar nicht weit schauen an diesem Tag.

Walter lief schon voraus. Dann war er nicht mehr zu sehen.

Ich blieb stehen. Ein eigenartiges Gefühl bahnte sich in mir an.

Ein Nieselregen kam von oben. Die Feuchte des Nebels legte sich auf den Boden. Der Himmel hatte sich entladen. Nun war alles zu Leben erwacht. Ein sattes Grün breitete sich vor mir aus. Dann eröffnete die Sonne ihr Schauspiel, und ein unglaublich großer Regenbogen erhob sich über meiner Heimat.

Dann sah ich Walter an diesem Ort, wo das Betonrohr noch immer vor seinen Füßen lag. Noch immer waren Steine und Erde gehäuft. Aber die Jahreszeiten hatten viel davon weggespült.

Er schaute hin und über die Weite des Landes. Doch noch immer war es dieselbe Erde und derselbe Himmel wie in der DDR. Er atmete tief ein und wieder aus. Dann konnte man ein Lächeln wahrnehmen.

Für ihn waren es die großen Ereignisse, die das wahre Leben für ihn waren. Doch für mich genügten die kleinen Freuden, auch das war Freiheit. Ich wusste stets, wo ich alles einsortieren musste. Mir selbst machte es auch nichts aus, an nur einem Ort zu leben. Das von damals tat ich für unsere gemeinsame Liebe, für die Zeit, die uns sonst verloren gegangen wäre. Für die Gefühle, die ich für Walter empfand.

Manche sagen sich – dann ist es eben vorbei.

Diese Meinung konnte ich nicht so stehen lassen. Es wird nie ganz vorbei sein. Ja, eine andere, neue Liebe kann es geben, doch niemals wieder die „Größte". Sie würde nie wiederkehren. Würde ich hinausschreien und nach ihm rufen wollen, so wie damals, als ich noch in der DDR stand, er könnte es jetzt in diesem Augenblick hören.

Ich tat es.

Walter schaute mich an, küsste mich und sagte zu mir: „Ich liebe dich."

Doch ich weiß auch stets: Während ich sie nur beschnuppere, diese Erde, wird Walter sie atmen können. Während ich meine Heimat und das kleine Fleckchen Grün in meinem Geburtsort liebe, wird er die ganze Welt bereisen und lieben, und wie schon in der DDR, liebte ich Walter auch noch im Westen.

***

Eine Kanalisation ist eine Anlage zur Sammlung und Ableitung von Wasser und Abwasser durch unterirdische Kanäle.

Und genau so ein Rohr aus Beton war es, als Walter den Weg in den Westen fand. Er war jung, verliebt, und doch konnte ihn niemand aufhalten, seinen Plan durchzuführen.

Ein Weg von der DDR in den Westen war manchmal nicht einfach. Gefährlich auf jeden Fall.

Epilog

Eines Tages wurden Arbeiter barfüßig in die Fabrik getrieben. Die SS peitschte sie, viele wurden gefangen genommen. Irgendwann bestanden diese Wesen nur noch aus Haut und Knochen.

Einige konnten sich nicht mehr auf den Beinen halten und fielen einfach um.

Schüsse fielen, die selbst noch bei zugehaltenen Ohren nachklangen. Dann – SS-Leute auf Motorrädern, Lärm ... Pech für die Juden, weil sie eben Juden waren. Denn sie wurden zuerst verhaftet, enteignet und vergast.

Man begriff nicht.

Es war die beginnende Einsamkeit und Isolierung der Juden, das Zerbrechen der Freundschaften, die offenen Beschimpfungen und Beleidigungen, das Gefühl des Alleinseins.

Man wuchs vom Leben gezwungen in die Jahre hinein, in das Elend, das den Menschen die Kraft nahm.

Man hörte diese Menschen nicht mehr lachen, doch sie waren noch da – existierten noch und man konnte mit ihnen reden.

Aber eine Antwort gaben sie nicht mehr, denn zu groß war die Angst.

Das Derbe, Unberechenbare löste das Zarte ab.

Tränen, die nicht nach außen gelangten, flossen nach innen.

In der Dämmerung des Abends sah man die mörderischen Gestalten.

Die Krise warf ihre Schatten voraus, und man konnte nur erahnen, was noch geschehen wird.

Die Reise ging los.

Wie Sardinen hockten die Menschen in den Wagons. Es war unerträglich.

Faustschläge folgten, die sogar Frauen von den Mördern dieser Zeit zu spüren bekamen.

Der Himmel war sichtbar, die Sonne schien warm wie immer, doch in den Herzen wurde es kalt, und die Schönheit der Natur, sie war auch noch sichtbar, dass der eine oder andere noch etwas für all das empfand in dieser Ruhelosigkeit, doch immer mehr mussten diese armen Geschöpfe ihre Gefühle tief drinnen verbergen.

Nur die Gedanken wurden hörbar.

Hinter diesen armen Geschöpfen verbarg sich eine Angst, bald zu sterben.

Bald vergaßen sie, dass es mehr Wasser als Suppe war, als ihre Mahlzeiten in die Blechschüsseln geschöpft wurden.

Während Hitler lauthals brüllte, stellte sich ein merkwürdiger früher Winter in Auschwitz ein – zwischen Hoffen und Fürchten und geprägter Angst, immer noch in dünner Kleidung, wandelten die Menschen. Sie waren abgemagert, froren und dicht aneinander gelehnt versuchten sie sich gegenseitig zu wärmen.

Stahlrutenverhöre, Schmerzensschreie und Stöhnen waren nicht zu überhören. Tritte von den Stiefeln der SS-Männer waren nun alltäglich.

Manche Schreie wurden plötzlich stumm.

Und wieder kamen neue Menschen, während die vielen Erstankömmlinge in der Gaskammer leise fortgingen.

Man nannte es Judentransporte.

Es gab viele Zeugen und leidende Seelen.

„Steig auf, du Judensau", befahl einer.

Nachdem man sie über Stunden wie Sträflinge behandelt hatte, waren sie wirklich zu Sträflingen geworden.

„Du dummes, nichtsnutziges jüdisches Trampeltier", hallte es noch hinterher.

Dann stieß er diese bedauernswerten Wesen mit dem Kopf in den Dreck.

„Heil Hitler", plärrte noch jemand.

Nach einem Modell sollte das ganze Reich judenfrei und judenrein werden.

Schlägerbanden in Braunhemden beherrschten die Straßen. Sie fuhren mit ihren Gewehren in Lastwagen umher und protzten mit ihren Hakenkreuz-Armbinden. Wer sich ihnen widersetzte, wurde zusammengeschlagen oder getötet.

Vielleicht auch nach Dachau, Buchenwald oder Auschwitz verschleppt.

Es waren Vernichtungslager, wie das in Auschwitz, das von ungeheuerlicher Grausamkeit und Tod geprägt war.

Viele Menschen saßen in ihren Wohnungen, sie waren wie gelähmt vor Angst, und warteten darauf, dass dieser Wahn ein Ende nähme.

Es war der Judenwahn von Hitler.

Andere sprachen davon, dieses Land zu verlassen.

„Vielleicht nach Palästina. Wir müssen fort."

Manche küssten sich und nahmen sich ein letztes Mal in die Arme. Dann waren sie fort.

Fahrzeuge brausten mit Nazis vorbei.

Züge kamen und nahmen sie mit sich, und dort am Horizont die Flammen.

Immobilien, Banknoten, Wertpapiere, Porzellan, Silber und Gold. Die Nazis nahmen alles, was ihnen gar nicht gehörte.

Alle Tätigkeiten, die bis zu dieser Zeit normal waren, wurden nun für die Juden verboten.

Sogar sexuelle Beziehungen zwischen Deutschen und Juden waren ein Verbrechen.

Man riss ihnen mehrere Zähne aus, sollten sie mit Zahnschmerzen geklagt haben.

Manche schrieben ihre letzten Zeilen an ihre Liebsten: „Ich möchte dich küssen, aber du bist so weit fort. Wann werden wir uns wiedersehen?"

Die meisten sahen sich nicht wieder, auch nicht nach dem Tod.

„Judenschweine" hallte es wieder und wieder durch das Lager.

Dann glaubte man an Wunder, dass man bald eine Bombe direkt auf Hitler und Goebbels werfen würde.

Sie glaubten, dass in ihnen zwei Seelen wohnten.

Die eine dachte an das Sterben, die andere an ein Wunder, an Freiheit.

Und ja, da waren auch die Arier, der sechsstrahlige Judenstern oder sechszackige Davidstern und die Sterne am Himmel.

Erneut hörte man davon, dass die Nazis dabei waren, ihre Rasse zu reinigen. Dass sie dazu übergegangen wären, Behinderte, Geisteskranke und die Juden mit Giftgas umzubringen.

Transporte mit weiteren Juden, mehr denn je.

„Hoffnung ist Gottes Geschenk an die Welt", sagte man sich. Doch man fühlte das Dunkel nahen.

Wie schwierig musste es gewesen sein mit Menschen, denen die Menschlichkeit schon längst abhandengekommen war.

Die Körper der Juden durften keine Bedürfnisse und Gefühlserregungen mehr zulassen.
Als wären es wirklich nur noch abgelegte Körper, deren Seelen schon weitergewandert waren.

Weder das Geschehen im Krieg noch im Frieden konnte restlos aufgeklärt werden.
Es wurden viele vermisst, die bis heute verschollen sind.
Als der angebliche ersehnte Frieden endlich da war, wurden erneut Unrecht und mit dem Tod endende Ungerechtigkeiten verübt.
Nun gab es die Staatssicherheit der DDR.
Sie waren unter uns. Manchmal sogar die eigenen Verwandten, Freunde und Mitarbeiter.
Fragen, die man ehrlich beantwortete, wurden dazu benutzt, um sich bespitzeln zu lassen.
Es ging um Menschen, die gerne in ein anderes Land oder in die BRD, also in den Westen reisen wollten.
Da waren auch noch die Frauen, manchmal viel zu jung in vielen Fällen, die schwanger wurden. Sie wollten es gerne schaffen, ihr erstes oder zweites Kind in den Arm zu nehmen, es zu füttern, mit ihnen zu spielen und die Freude mitzuerleben.
Doch man kam ihnen zuvor und bestimmte über das Schöne im Leben. Manchmal auch über die Liebe.
Die wunderbare Liebe zweier Menschen, so auch über die Zeit der Kinder und auch noch Ungeborenen.
Als die neun Monate, oft auch sieben Monate gekommen waren, durften die Mütter ihre Kinder nie sehen.
Sie waren dann angeblich gestorben. Einfach weg.

Draußen warteten schon neue Eltern, die die winzigen Babys forttrugen.

Das war die Antwort der Ungerechten, der Stasi, der Spitzel, deren Mitarbeiter und Lügner.

Ich kenne auch einen Funken der Wahrheit, meine Wahrheit.

Ich selbst wurde bespitzelt. Da war der Kontakt in den Westen, das heimliche Treffen in der DDR, meine heimliche Liebe und die Drohungen.

Meiner Mutter wurde, als sie mit mir schwanger war, gesagt, dass sie mich abtreiben müsse. Diese Worte kamen aus den Mündern der Familie meines Vaters.

Ja, sie ging für eine Weile fort. Die Grenzen waren glücklicherweise noch offen. Sie entschied sich für mich und schenkte mir dieses eine Leben.

Als sie zum zweiten Mal schwanger wurde, gab man ihr wieder zu verstehen, dass sie auf keinen Fall dieses Bündel gebären darf. Dabei war meine Mutter schon 20 Jahre.

Tabletten solle sie nehmen, und erneut Drohungen und Druck, dem sie ausgesetzt war. Sie weinte oft und konnte eines Tages nicht mehr fröhlich sein.

Dann bekam sie einen kleinen Jungen. Ein Kind, das auch schon in früheren Jahren für einen Vater die größte Freude war. Einen Jungen.

Er schrie, und Mama durfte ihn nicht in den Arm nehmen und ihn nie sehen. Dann war er angeblich nach ein paar Stunden tot. Einfach weg, denn man hat auch keinen Hinweis auf ein Grab.

Doch einen Namen bekam er mit auf seinen Weg, egal wohin er ging – wieder zurück zu den Sternen, oder wartete vor der Türe der Klinik auch jemand? Man wird es vielleicht nie erfahren, was aus dem Baby – Hartmut Städtler, geboren am 27. Juli 1959 in Meiningen – geworden ist. Es macht mich so traurig, denn es war ein Teil vieler dieser Ungerechtigkeiten. Unvergessen!